이현아 「취향저격」 지텔프 32점 PLAN

한권에 끝내는

G-TELP Lv.2

편저 **이현아**

32점

Preface

국내 최초! Only for 지텔프 32점 취향저격 대비서

　어려운 취업난에 공무원 & 군무원 시험에 대한 인기가 날로 높아지고 있습니다. 군무원 시험에 응시하고, 희망하는 사람들이 늘어나면서 최근에 새롭게 주목받고 있는 시험이 지텔프(G-TELP)입니다.

　군무원시험을 응시하기 위해서는 반드시 공인인정영어성적이 있어야 하는데 가장 널리 알려진 토익 기준으로 470점이 필요합니다. 사기업에 입사하기에는 턱없이 부족한 영어점수이지만, 군무원을 준비하는 대부분의 수험생들이 영어에 익숙하지 않기 때문에 이 점수는 굉장히 큰 벽으로 작용합니다. 실제로 공인영어점수를 획득하지 못해 군무원에 대한 꿈을 접는 분들도 꽤나 있습니다.

　토익 470점과 같은 점수를 인정해주는 것이 지텔프 2급 32점입니다. (한국에서 실시하는 모든 지텔프 시험은 2급입니다.) 점수 환산 방식과 만점 기준이 다르지만 지텔프 32점은 기본적 문법만 충실히 해도 단기간에 점수를 획득할 수 있는 국내 유일한 공인인정영어시험입니다. 다른 공인인정영어시험과 달리 문법의 범위가 극히 한정적이고, 문제의 패턴이 정해져있기 때문입니다.

　스스로를 '영어 포기자'나 '영어 노베이스'라고 생각하는 분들도 제대로 된 학습 교재와 강의만 찾는다면, 단기간에 목표하는 32점을 받을 수 있습니다. 그런데 안타깝게도, 시중에는 32점을 목표로 하는 수험생들 만을 위한 교재가 한 권도 없었습니다. 그러다보니 32점 목표로 지텔프를 준비하는 수험생들이 65점, 77점 대비서로 학습을 하면서 오히려 학습 부담을 느끼고, 불필요한 시간을 낭비했습니다. 노량진 공무원 학원 가에서 수많은 학생들에게 영어를 가르치는 강사로서 수험생들에게 '실질적으로 도움이 되는 지텔프 책'을 만들어야겠다고 결심했습니다. 이 책이 세상 밖으로 나오게 된 이유입니다.

　[이현아 취향저격 지텔프 32점]은 이름 그대로 지텔프시험 32점 목표에 딱! 맞는 난이도와 학습 분량을 정하여 출간했습니다. 이 책에 '관계사' 파트나 비교급과 같은 특수구문을 담지 않은 이유이기도 합니다. 영어문장 분석 능력이 없는 분들이(영어문장 분석 능력이 있다면 이미 지텔프 32점 획득을 걱정할 영어 초보자가 아닙니다.) 지텔프 32점을 획득하기 위해 관계사를 학습하는데 들이는 수고로움은 효율 면에서 떨어집니다.

지텔프 시험을 준비하는 대부분의 수험생들이 고득점을 목표로 하는 것이 아닙니다. 군무원이나 승진 시에 필요한 점수만 최단 기간 획득하면 되는 만큼, 저는 이 책을 편찬할 때 과감하게 수험생들의 학습 부담을 줄이는데 집중했습니다. 책에 담겨 있지 않는 부분의 문제를 틀린다고 하더라도 목표 점수를 획득 하는데 아무런 문제가 없습니다. 이 책에 담긴 컨텐츠에 자신이 있기 때문에 가능한 일입니다.

잊지 마세요. 지텔프는 여러분들의 영어 실력을 증명하는 시험이 아닙니다. 영어 기초가 없어도, 단기간 에 집중만 한다면 빠르게 점수 획득이 가능합니다. 어느 교재와 강의를 선택하는 지에 따라 그 기간의 폭 은 현저히 달라질 것입니다. '최.단.기.간.' 지텔프 32점 획득을 목표로 하시나요? 그렇다면 정답은 정해져있 습니다.

이 한 권의 책이 누군가의 인생과 미래를 결정할 수 있다는 생각에 더욱 정성껏 만들었습니다. [이현아의 한 권에 끝내는 취향저격 32점]만 믿고 정진하십시오. 분명 여러분들에게 지텔프 날개를 달아드릴 것입니다.

여러분들의 꿈과 도전을 응원합니다.

저자 이현아

Contents

Pre-
study

영어 기본시제 익히기

이현아 취향저격 G-TELP **32**점

Pre-Study
영어 기본시제 익히기

1 | 일반동사 현재형

ⓐ 주로 동사원형으로 쓰고, 주어가 3인칭 단수일 때는 대부분 동사원형에 -(e)s를 붙인다.

I You They We	동사원형	He She It	동사원형 + -(e)s
I walk slowly. 나는 느리게 걷는다. You run very fast. 너는 매우 빠르게 달린다. We watch TV. 우리는 TV를 본다.		He walks slowly. 그는 느리게 걷는다. She runs very fast. 그녀는 매우 빠르게 달린다. Andrew watches TV. Andrew는 TV를 본다.	

ⓑ 일반동사의 3인칭 단수 현재형 만드는 법

대부분의 동사	동사원형 + -s	like → likes tell → tells run → runs
o, s, ch, sh, x로 끝나는 동사	동사원형 + -es	go → goes do → does pass → passes watch → watches wash → washes fix → fixes
「자음+y」로 끝나는 동사	y를 없애고 + ies	study → studies cry → cries try → tries
예외		have → has

Q 괄호 안의 동사를 현재형으로 바꾸어 빈칸에 쓰세요.

1. He _____ (drive) to work.

2. They _____ (leave) home very early.

3. The sun _____ (rise) in the east.

4. I _____ (get) up at 7:30 in the morning.

5. Jessica _____ (love) comic book.

6. He _____ (like) hip hop music.

7. We _____ (take) a walk after dinner.

8. She _____ (have) a beautiful smile.

9. Tom _____ (study) every night.

10. My mom _____ (teach) the piano.

정답 | 01 drives | 02 leave | 03 rises | 04 get | 05 loves |
| 06 likes | 07 take | 08 has | 09 studies | 10 teaches |

2 | 일반동사 과거형

ⓐ 일반동사의 과거형은 주어의 인칭과 수에 관계없이 형태가 같으며, 대부분 동사원형에 -(e)d를 붙인다.

1. We lived in Busan three years ago.	1. 우리는 3년 전에 부산에 살았다.
2. I moved to New York in 2015.	2. 나는 2015년에 뉴욕으로 이사했다.
3. She read newspaper this morning.	3. 그녀는 오늘 아침에 신문을 읽었다.
4. My boyfriend gave me roses.	4. 내 남자친구가 나에게 장미를 줬다.
5. I met Ben at the party last night.	5. 나는 어제 밤에 파티에서 Ben을 만났다.

ⓑ 일반동사의 과거형 만드는 법

대부분의 동사	동사원형 + -ed	work → worked show → showed help → helped visit → visited
-e로 끝나는 동사	동사원형 + -d	live → lived love → loved like → liked
「자음+y」로 끝나는 동사	y를 없애고 + ied	study → studied cry → cried try → tried
「단모음+단자음」으로 끝나는 동사	자음을 한 번 더 쓰고 + -ed	stop → stopped drop → dropped plan → planned
예외 (불규칙 변화)	put → put have → had win → won make → made	read → read go → went meet → met write → wrote get → got do → did eat → ate see → saw give → gave buy → bought drink → drank take → took

1. Romeo loved Juliet very much.	1. Romeo는 Juliet을 매우 많이 사랑했다.
2. I wrote some articles about sports.	2. 나는 스포츠에 관한 몇 개의 기사를 썼다.
3. I hung the picture on the wall.	3. 나는 벽에 그 그림을 걸었다.

[불규칙 변화 동사표]

현재	과거	과거분사	현재	과거	과거분사
be (~이다, 있다)	was/were	been	feed (먹이다)	fed	fed
beat (치다)	beat	beaten	feel (느끼다)	felt	felt
become (되다)	became	become	fight (싸우다)	fought	fought
begin (시작하다)	began	begun	find (발견하다)	found	found
bite (물다)	bit	bitten	fit (꼭 맞다)	fit	fit
blow (불다)	blew	blown	fly (날다)	flew	flown
break (깨다)	broke	broken	forget (잊다)	forgot	forgotten
bring (가져오다)	brought	brought	forgive (용서하다)	forgave	forgiven
build (짓다)	built	built	freeze (얼다)	froze	frozen
burn (타다)	burned/burnt	burned/burnt	get (얻다)	got	got/gotten
buy (사다)	bought	bought	give (주다)	gave	given
catch (잡다)	caught	caught	go (가다)	went	gone
choose (선택하다)	chose	chosen	grow (자라다)	grew	grown
come (오다)	came	come	hang (걸다)	hung	hung
cost (비용이 들다)	cost	cost	have (가지다)	had	had
cut (자르다)	cut	cut	hear (듣다)	heard	heard
deal (다루다)	dealt	dealt	hide (숨기다)	hid	hidden
dive (뛰어들다)	dived/dove	dived	hit (치다)	hit	hit
do (하다)	did	done	hold (잡다)	held	held
draw (그리다)	drew	drawn	hurt (다치게 하다)	hurt	hurt
drink (마시다)	drank	drunk	keep (유지하다)	kept	kept
drive (운전하다)	drove	driven	know (알다)	knew	known
eat (먹다)	ate	eaten	lay (놓다)	laid	laid
fall (떨어지다)	fell	fallen	lead (이끌다)	led	led
leave (떠나다)	left	left	show (보여주다)	showed	shown

현재	과거	과거분사	현재	과거	과거분사
lend (빌려주다)	lent	lent	shut (닫다)	shut	shut
let (시키다)	let	let	sing (노래하다)	sang	sung
lie (눕다)	lay	lain	sink (가라앉다)	sank	sunk
lose (잃다; 지다)	lost	lost	sit (앉다)	sat	sat
make (만들다)	made	made	sleep (자다)	slept	slept
mean (의미하다)	meant	meant	slide (미끄러지다)	slid	slid
meet (만나다)	met	met	speak (말하다)	spoke	spoken
pay (지불하다)	paid	paid	spend (소비하다)	spent	spent
put (놓다, 두다)	put	put	spill (엎지르다)	spilled/spilt	spilled/spilt
quit (그만두다)	quit/quitted	quit/quitted	spread (펴다)	spread	spread
read[ri:d] (읽다)	read[red]	read[red]	stand (서 있다)	stood	stood
ride (올라타다)	rode	ridden	steal (훔치다)	stole	stolen
ring (소리가 울리다)	rang	rung	swim (수영하다)	swam	swum
rise (일어나다)	rose	risen	swing (흔들다)	swung	swung
run (달리다)	ran	run	take (잡다)	took	taken
say (말하다)	said	said	teach (가르치다)	taught	taught
see (보다)	saw	seen	tear (찢다)	tore	torn
sell (팔다)	sold	sold	tell (말하다)	told	told
send (보내다)	sent	sent	think (생각하다)	thought	thought
set (놓다)	set	set	throw (던지다)	threw	thrown
shake (흔들다)	shook	shaken	wear (입다)	wore	worn
shine (빛나다)	shone	shone	weep (울다)	wept	wept
shoot (쏘다)	shot	shot	win (이기다)	won	won

Q 주어진 동사의 과거형을 쓰시오.

1. die _____

2. try _____

3. drop _____

4. shop _____

5. prefer _____

6. visit _____

7. carry _____

8. rob _____

9. hope _____

10. start _____

11. plan _____

12. marry _____

13. cut _____

14. sell _____

15. fall _____

16. spend _____

17. have _____

18. let _____

19. go _____

20. rise _____

21. run _____

22. wear _____

23. hear _____

24. lend _____

25. fight _____

26. find _____

27. sit _____

28. hurt _____

29. write _____

30. begin _____

31. eat _____

32. send _____

정답

01 died	02 tried	03 dropped	04 shopped	05 preferred
06 visited	07 carried	08 robbed	09 hoped	10 started
11 planned	12 married	13 cut	14 sold	15 fell
16 spent	17 had	18 let	19 went	20 rose
21 ran	22 wore	23 heard	24 lent	25 fought
26 found	27 sat	28 hurt	29 wrote	30 began
31 ate	32 sent			

3 | 미래시제형태

미래형은 미래에 대한 예측이나 주어의 의지, 예정된 계획 등을 나타내며 '~할 것이다'의 의미이다. 「will + 동사원형」, 「be going to + 동사원형」의 형태로 나타낸다.

주어	will		동사원형
I	am		
You / We / They	are	going to	동사원형
He / She / It	is		

「be going to + 동사원형」에서 be동사는 주어의 인칭과 수에 따라 형태가 달라진다.

1. We are going to travel **to Europe**.	1. 우리는 유럽으로 여행갈 것이다.
2. Sophie is going to have **a party**.	2. Sophie는 파티를 열 것이다.
3. I will go **abroad** next year.	3. 나는 내년에 해외로 갈 거다.
4. I'm going to buy **a new smartphone** tomorrow.	4. 나는 내일 새 스마트폰을 살 것이다.
5. Eric will pass **the exam** soon.	5. Eric은 곧 시험에 붙을 것이다.

Q 다음 괄호 안에서 알맞은 것을 고르시오.

1. Bill (will buy / will buys) a new MP3 player.

2. She will (is / be) a doctor in the future.

3. I (will not / not will) visit your house.

4. He will (study / studies) English during summer vacation.

5. He will (leave / leaves) tomorrow.

6. This winter is going to (be / is) very cold.

7. I won't (change / changes) my mind.

8. They are going to (play / playes) tennis.

9. She (is not / not is) going to wear glasses.

10. It (doesn't / isn't) going to rain tomorrow.

| 정답 | 01 will buy | 02 be | 03 will not | 04 study | 05 leave |
| | 06 be | 07 change | 08 play | 09 is not | 10 isn't |

4 | 진행시제 형태

진행형은 진행중인 일을 나타내며, '~하고 있다, ~하는 중이다'의 의미로 「be동사+ 동사원형-ing」의 형태이다. be동사는 주어의 인칭과 수에 따라형태가 달라지며, be동사의 시제를 달리하면 과거진행, 현재진행, 미래진행이 된다.

I You / We / They He / She / It	am / was / will be are / were / will be is / was / will be	동사원형-ing

[진행형 만드는 법]

대부분의 동사	동사원형 +ing	play → playing read → reading
「자음+e」로 끝나는 동사	e를 빼고 +ing	write → writing come → coming take → taking
「단모음+단자음」으로 끝나는 동사	자음을 한 번 더 쓰고 +ing	run → running get → getting
-ie로 끝나는 동사	ie를 y로 고치고 +ing	die → dying lie → lying tie → tying

1. I am reading a book.	1. 나는 책을 읽고 있어. (현재진행)
2. She will be lying on the sofa.	2. 그녀는 소파에 누워있을 거야. (미래진행))
3. They were writing a report.	3. 그들은 리포트를 쓰고 있었어. (과거진행)

Q 다음 괄호 안에서 알맞은 것을 고르시오.

1. John (is / was / were) playing the piano now.

2. My sister (is / was / are) cooking for me 30minutes ago.

3. You and Bill (is / are / am) reading the wrong book.

4. I am (writing / writting) an e-mail to my friend.

5. The girls (was runing / were running) yesterday at midnight.

6. Mr. Kim and Ms. Kim (is / are / am) watching the Olympic games.

7. My mom and I (is eating / is eatting / are eating) fruits.

8. Her parents (are / were / was) talking about her grades 2 hours ago.

정답 01 is   02 was   03 are   04 writing   05 were running
06 are   07 are eating   08 were

시 제

Unit
01 시 제

이현아 취향저격 지텔프 32점

1 | 단순시제 & 진행시제

❶ 현재시제

① 여러 가지 상태 동사와 함께 쓰여 '현재의 상태'를 나타낸다.
- My head <u>aches</u>. 머리가 아프다.
- He <u>resembles</u> his mother. 그는 그의 어머니를 닮았다.

② 반복/ 지속성을 나타내는 부사가 나오는 경우 '현재시제'와 잘 쓰인다.

> always, constantly, usually, generally, frequently, often, sometimes, everyday, every Saturday, in Summer [계절]

- I usually <u>eat</u> lunch around 1 o'clock. 나는 보통 1시쯤에 점심을 먹는다.
- She <u>swims</u> in the morning everyday. 그녀는 매일 아침에 수영을 한다.
- In summer, milk easily <u>goes</u> bad. 여름에, 우유는 잘 상한다.

③ 일반적인 사실을 나타낸다.
- Gas <u>expands</u> when heated. 기체는 가열되면 팽창된다.

❷ 과거시제

① 과거의 상태나 습관적 동작을 나타낸다.
I always <u>feared</u> that man. 나는 항상 저 남자가 무서웠다.

② 〈G-TELP 취향저격〉 과거시제가 정답이 되는 시간부사

> yesterday, last + 과거명사, ~ ago, in + 과거연도, in those days, then, when young, just now

16 이현아 취향저격 지텔프 32점

- I <u>bought</u> a new bicycle <u>yesterday</u>. 나는 어제 새 자전거를 샀다.
- They <u>played</u> computer games <u>an hour ago</u>. 한 시간 전에 그들은 컴퓨터 게임을 했다.
- Columbus <u>discovered</u> America <u>in 1492</u>. Columbus가 1492년에 미국을 발견했다.
- I <u>was</u> sick <u>last week</u>. 나는 지난주에 아팠다.

❸ 미래시제

① 미래의 상태를 묘사하거나 의지를 표현할 때 쓸 수 있다.

② 미래를 나타내는 선택지가 여러 가지 나오는 경우 〈G-TELP 취향저격!〉 정답 선택순위

> 1. 미래시제 (will + 동사원형 / be going to + 동사원형)
> 2. 현재진행시제 (is/am/are + ~ing)
> 3. 현재시제

- I <u>will study</u> hard to pass the exam. 나는 그 시험에 합격하기 위해서 열심히 공부할 것이다.
- They<u>'re going to get</u> married in June. 그들은 6월에 결혼할 것이다.
- He <u>starts</u> for Seoul tonight. 그는 오늘 밤 서울로 간다.
  ↳ 가까운 미래에 일어나기로 확정되어 있는 일은 현재시제로 쓸 수 있는데, 흔히 미래를 나타내는 시간 부사구를 수반하는 경우 왕래발착동사들이 현재시제를 자주 쓴다.

> [왕래발착동사] go come start leave arrive begin end finish return

> **G-TELP 취향저격** 미래를 나타내지만 현재시제를 써야 하는 경우
> 시간이나 조건 부사절에서는 현재시제가 미래를 대신한다.
> (+ 미래완료의 내용은 현재완료 형태로 표현한다.)

- We will wait for him <u>until he arrives</u>. 그가 도착할 때까지 우리는 그를 기다리고 있을 것이다.
- <u>Before he meets you</u>, he will make a phone call to you. 그가 너를 만나기 전에, 그가 너에게 전화를 할 것이다.
- I will lend you money <u>if you pay</u> me back by Sunday. 네가 만약 일요일까지 돈을 갚는다면 나는 너에게 돈을 빌려줄게.
- We will miss the bus <u>unless you walk</u> more quickly. 네가 더 빨리 걷지 않는다면 우리는 버스를 놓치게 될 것이다.

> **주의**
>
> 명사절이나 형용사절을 이끄는 if/ when절에서 미래내용을 미래시제로 나타낸다.
> - I wonder if she will finish the work by tonight. [명사절 접속사 if가 이끄는 명사절]
> - Please tell me the day when he will come back. [관계부사 when이 이끄는 형용사절]

❹ 현재진행

① 말하는 시점을 전후로 한 '짧은 시간에 이루어지는 동작이나 일시적으로 반복되는 활동'을 나타낸다.
   - John is taking a nap at the moment. John은 지금 낮잠을 자고 있다.

② 현재진행시제가 정답이 되는 〈G-TELP 취향저격!〉 부사구 포인트

> right now, now, at this[the] moment, currently, presently, nowadays, these days, as we speak

   - Right now, Monica is making a list of guests. 바로 지금, Monica는 손님들 명단을 작성하고 있는 중이다.
   - We're eating a lot of meat these days. 우리는 요즘 고기를 많이 먹는다.

❺ 과거진행

> **G-TELP 취향저격** 과거진행시제가 정답이 되는 포인트!
>
> when 부사절이 과거시제인 경우, 주절은 과거진행시제가 정답
> 주절이 과거시제인 경우, while 부사절은 과거진행시제가 정답

   - We must have a problem with the water heater. I was washing the dishes when suddenly there was no more hot water. 온수기에 문제가 있음에 틀림없어. 갑자기 뜨거운 물이 안 나올 때 나는 설거지를 하고 있는 중이었어.
   - The adjustments were made while he was waiting. 그가 기다리고 있는 동안에 수리가 되었다.

❻ 미래진행

> **G-TELP 취향저격** 힌트 포인트!
>
> When 부사절이 미래내용을 나타내는 현재시제, 미래진행시제의 기준이 되는 미래시점 부사구가 나오면(at that time, then, at this same time tomorrow), 주절 빈칸에는 미래진행시제가 정답이다.

- I <u>will be having</u> piano lessons <mark>when you arrive</mark> and I won't be able to attend to you.
네가 도착할 때 나는 피아노 레슨을 받고 있는 중일 것이므로 너를 신경쓸 수가 없어.

- Don't call me between 3 and 4. We <u>will be having</u> a meeting then. 3시에서 4시 사이에
전화하지 마. 우리는 그때 회의하고 있는 중일 거야.

- Now Jacob is working hard but he <u>will be drinking</u> in pub <mark>at this same time
tomorrow.</mark> Jacob이 지금 열심히 일하고 있지만 내일 이 시간에는 펍에서 술을 마시고 있는 중일 거야.

G-TELP 취향저격 힌트 포인트!

미래에 지속적으로 (대개 짧은 일정 기간 동안) 머무는 상태를 묘사할 때는 단순 미래시제를 나타내는 will stay가
아니라, will be staying이 정답이다.

- I will be staying at the Comfort Hotel <mark>when you arrive.</mark> 네가 도착할 때 나는 Comfort Hotel에
머무르고 있는 중일 거야.

Check-up

01

She _____ hurriedly when she realized it was a public holiday.

(a) would dress
(b) has dressed
(c) dressed
(d) was dressing

02

Right now, he _____ the inauguration of Japan's newly elected prime minister in Tokyo.

(a) is covering
(b) was covering
(c) will be covering
(d) had been covering

03

Arten Publishing _____ her to their main office next week to undergo a month-long training.

(a) was sending
(b) had sent
(c) has been sending
(d) will be sending

01

해설 when 부사절의 시제가 과거이므로 주절은 과거진행시제가 가장 적절하다.

해석 그녀는 공휴일이라는 것을 깨달았을 때 허둥지둥 옷을 입고 있는 중이었다.

정답 (d)

02

해설 시간 부사 right now (지금)이 있으므로 현재 진행 시제가 가장 적절하다.

해석 지금 당장 그는 도쿄에서 새롭게 선출된 총리의 취임식을 취재 중이다.

어휘 ▮ inauguration ⓝ
  1. (대통령·교수 등의) 취임(식)
  2. (신시대 등의) 개시
  3. (공공시설 등의) 정식 개시
▮ prime minister ⓝ 국무총리, 수상

정답 (a)

03

해설 시간 부사 next week (다음 주)는 미래를 나타내므로 미래시제가 가장 적절하다.

해석 Arten 출판사는 한 달 간 교육을 받게 하기 위해 그녀를 다음 주에 본사 사무실로 보낼 것이다.

어휘 ▮ undergo ⓥ
  1. 〈검열·수술을〉 받다, 만나다, 당하다, 〈변화 등을〉 겪다, 경험하다
  2. 〈고난을〉 견디다, 참다

정답 (d)

04

Revenues were also weak in Boston, New York, and Chicago, but _____ in New York.

(a) would have improved
(b) will be improving
(c) were improving
(d) has improved

04

해설 기본적으로 영어는 시제 일치를 시켜준다. 병렬 구조의 관계이고 동사 were가 와서 과거시제인 것을 알 수 있다. 과거를 나타내는 표현인 were improving이 적절하다.

해석 세입은 Boston, New York, 그리고 Chicago에서도 부족했지만, New York에서는 개선되고 있었다.

정답 (c)

05

She _____ when her parents arrived.

(a) was still cooking
(b) still cooked
(c) is still cooking
(d) will still cook

05

해설 when 부사절의 시제가 과거이므로 주절은 과거진행시제가 올바르다.

해석 그녀의 부모님들이 도착했을 때 그녀는 여전히 요리 중이었다.

정답 (a)

06

Right now, UNICEF workers _____ food rations to the affected communities.

(a) distribute
(b) has been distributing
(c) have distributed
(d) are distributing

06

해설 시간 부사 right now (지금)이 있으므로 현재진행시제가 가장 적절하다.

해석 지금 유니세프 직원들은 피해를 입은 공동체 사회에 음식 배급을 하고 있다.

정답 (d)

Check-up

07

When the internship is completed, the supervisor _____ submit an evaluation of the intern's performance to the human resource department.

(a) may
(b) could
(c) will
(d) can

08

Apparently, he _____ coffee under the tree when he saw an apple falling from a tree.

(a) was drinking
(b) will be drinking
(c) is drinking
(d) will have been drinking

09

While she _____ her study, her audience was very attentive.

(a) will have been presenting
(b) had been presenting
(c) will be presenting
(d) was presenting

07

해설 시간이나 조건부사절에서는 현재시제가 미래를 대신한다. When 부사절의 시제가 현재시제인 것으로 보아 미래를 나타내고 있으므로 주절은 미래시제가 들어가야 한다. 미래시제는 「will + 동사원형」으로 표현한다.

해석 인턴과정이 끝날 때 감독관은 인사부에 인턴 수행능력 평가서를 제출할 것이다.

어휘 ∎ submit ⓥ
　1. (서류·제안서 등을) 제출하다
　2. 항복[굴복]하다, (굴복하여) …하기로 하다
　3. 말하다, 진술[제안]하다
　∎ resource ⓝ 자원, 재원, 재료[자산]

정답 (c)

08

해설 when 부사절에서 과거 동사 saw가 왔으므로 주절은 과거진행시제가 올바르다.

해석 듣자 하니, 그는 사과가 나무에서 떨어지는 것을 봤을 때 나무 아래에서 커피를 마시고 있었다.

어휘 ∎ apparently (부사) 듣자[보아] 하니

정답 (a)

09

해설 주절에 과거시제 was가 왔으므로 while 부사절은 과거진행시제가 가장 적절하다.

해석 그녀가 연구 결과를 제시하는 동안, 그녀의 청중들은 굉장히 집중했다.

어휘 ∎ attentive ⓐ
　1. 주의[귀]를 기울이는
　2. 배려하는, 신경을 쓰는

정답 (d)

10

She _____ a dinner for them at her house when they arrive.

(a) will be hosting

(b) have been hosting

(c) would host

(d) had hosted

10

해설 시간이나 조건부사절에서는 현재시제가 미래를 대신한다. when 부사절 동사가 arrives로 현재시제가 쓰였고 미래를 나타내는 것을 알 수 있다. 주절에는 미래를 표현하는 미래시제가 가장 적절하다.

해석 그들이 도착할 때, 그녀는 그녀의 집에서 그들을 위한 저녁을 대접하고 있을 것이다.

정답 (a)

11

Hailey Shaw _____ Newbridge University 36 years ago, making her the longest-serving member of the faculty.

(a) is joining

(b) has been joined

(c) already joined

(d) having joined

11

해설 과거를 나타내는 시간부사(36 years ago)가 있으므로 과거시제가 올바르다.

해석 Hailey Shaw는 36년 전에 Newbridge 대학에 이미 합류했으므로 가장 오래 근속한 교직원이 되었다.

어휘 ▎serve ⓥ
　　1. (식당 등에서 음식을) 제공하다; (음식을 상에) 차려 주다[내다]
　　2. 도움이 되다, 기여하다
　　3. 일[봉사]하다, 근무[복무]하다
▎faculty ⓝ
　　1. 능력[기능]
　　2. (대학의) 학부
　　3. (대학의 한 학부의) 교수단

정답 (c)

12

The accounting director _____ the budget report before it was sent for approval last Friday.

(a) will revise

(b) revised

(c) has just revised

(d) to be revised

12

해설 과거를 나타내는 시간부사(last Friday)가 있으므로 과거시제가 가장 적절하다.

해석 회계담당 이사는 지난 금요일에 예산 보고서 결재를 위해 제출하기 전에 그것을 검토했다.

어휘 ▎approval ⓝ 인정, 찬성, 승인

정답 (b)

13

The airport shuttle _____ every hour from the hotel's front entrance.

(a) departs
(b) has been departing
(c) is departed
(d) departing

14

Dr. Lamas _____ his speech when the electricity unexpectedly went out for a few moments.

(a) was delivering
(b) delivers
(c) will deliver
(d) has delivered

15

PIC Computers, which has manufactured personal computers since 2005, _____ into other areas next year.

(a) have expanded
(b) expanded
(c) expands
(d) will be expanded

13
해설 일반적인 사실을 나타낼 때 현재시제를 쓰며 every hour(매 시간)이란 표현을 통해 반복적인 상황임도 알 수 있다. 반복적 인 습관이나 행동은 현재시제로 표현한다.
해석 공항 셔틀버스는 호텔 정문에서 매시간 출발한다.
어휘 ▌entrance ⓝ
　　1. (출)입구, 문
　　2. 입장
　　3. 입회, 가입; 입학, 입사
정답 (a)

14
해설 접속사 when이 이끄는 절의 시제가 과거시제(went)이고 그 시점에서 진행되었던 사실을 나타내므로 과거진행시제가 정 답이다.
해석 예상치 못하게 잠시 정전이 되었을 때 Lamas 박사는 연 설하던 중이었다.
어휘 ▌unexpectedly (부사) 뜻밖에, 예상외로
정답 (a)

15
해설 미래를 나타내는 표현(next year)가 있으므로 미래시제가 들 어가야 적절하다.
해석 2005년 이후로 개인용 컴퓨터를 생산해 온 PIC 컴퓨터 사는 내년에 다른 영역으로 확장할 것이다.
정답 (d)

Exercise

1 Mr. Cohen got sick and tired of his job as an engineer so he made a decision to change his career a few months ago. He _____ as a manager of the service department now.

(a) has worked
(b) worked
(c) is working
(d) will be working

2 The weather has been bad throughout the city since last week. All of the flights were cancelled and power was shut down. Residents near the sea are starting to leave, as the water _____ right now.

(a) is rising
(b) will rise
(c) rose
(d) rises

3 I wish we could go to the party together. However, I agree that you should finish your assignment first and follow later. I _____ at the Stars Hotel when you arrive.

(a) have been staying
(b) will be staying
(c) will stay
(d) have stayed

4 Ms. Okada has been hearing good reviews of the movie *The beautiful days*. Her friends had praised its simple yet interesting plot. To see if all the positive feedback is true, Okada _____ the film.

(a) now watches
(b) is now watching
(c) has now watched
(d) will now watch

5 Melissa Shaw had been Knocking for almost ten minutes, but nobody opened the door for her. Her husband couldn't hear her because he _____ a shower when Melissa arrived.

(a) would take
(b) took
(c) was taking
(d) had taken

6 You cannot possibly talk to Mr. William today. He _____ to a client on the phone right now and will be attending a seminar for the rest of the day.

(a) is talking
(b) will be talking
(c) has talked
(d) talks

7 Our supervisor has impressive habit of arriving at exactly eight twenty—five every morning. It's now eight twenty. Watch that door, and he _____ enter the office in exactly five minutes.

(a) will
(b) may
(c) must
(d) can

8 Sally's nephew is travelling alone for the first time and is very nervous about getting lost in New York. However, Sally tells him not to worry because she _____ for him when his plane arrives.

(a) will wait
(b) waits
(c) has been waiting
(d) will be waiting

9 The earthquake happened at around 5 in the morning. However, it was so minor that most of the people who _____ at that time didn't know what had occurred.

(a) sleeps
(b) were sleeping
(c) have slept
(d) will be sleeping

10 Many artists were supported by a generous lady. She passed away 10 years ago, but the artists who got support from he _____ to hold an exhibition to remember her efforts.

(a) are planning
(b) had planned
(c) were planning
(d) will have planned

11 The temperature is supposed to dip below 11 degrees Celsius tonight. If we leave the fruit on our apple tree, the frost _____ it.

(a) damages
(b) is damaging
(c) will damage
(d) had damaged

12 At first the homeowners rejected my offer of $300,000 for their house. However, unless a better offer is made in the next week, they _____ my offer again.

(a) will consider
(b) would have consider
(c) have consider
(d) are considered

13 Steve couldn't put the exciting mystery novel down. He _____ a particularly scary scene when the window suddenly shattered into pieces.

(a) was read
(b) reads
(c) was reading
(d) has been reading

14 The software company has stopped hiring new employees because sales have leveled off. Unless there is a sudden increase in revenue, additional staff _____.

(a) wouldn't be hired
(b) won't be hired
(c) hasn't hired
(d) isn't hiring

15 Bella is fascinated with the language and culture of South America and fortunately takes the opportunity to learn more. She _____ Brazil next semester as an exchange student to study Spanish.

(a) will be visited
(b) is visiting
(c) has visited
(d) had been visiting

16 Some people in the community have experienced problems with traffic signals. The city has promised that if the difficulties persist, the signals _____.

(a) would be adjusted
(b) have been adjusted
(c) are adjusting
(d) will be adjusted

17 Everyone was amazed at how a boy of ten was able to rescue his friends from the car accident. Many people saw the boy limping badly when he _____ the injured children.

(a) carries
(b) carried
(c) has been carrying
(d) will have been carrying

18 Jenny has recently gained a lot of weight and so has been exercising hard, but to no avail. Desperately wanting to be as slim as before, she _____ not to eat anything after 6p.m.

(a) will be planning
(b) has been planned
(c) is planning
(d) was planning

19 While waiting for her boyfriend at the school library, Adela decided to complete her audio recording for English class. She _____ her speech when her boyfriend arrived.

(a) always records
(b) has been recording
(c) will have still recorded
(d) was still recording

20 Maria Sharapova is one of the most famous tennis players in the world. She _____ at an exhibition game upcoming Friday afternoon, and I'm sure her supporters will be very excited to watch her.

(a) might have played
(b) has been playing
(c) will play
(d) had already played

1 | 단순시제 & 진행시제

01   정답 (c)

해설 시간 부사 now가 있으므로 현재 진행시제가 가장 적절하다.

해석 Cohen씨는 엔지니어 일이 아주 싫증나서 몇 달 전에 직업을 바꾸기로 결정했다. 그는 지금 서비스 부서의 매니저로 일하고 있다.

sick and tired of 아주 싫증나서

02   정답 (a)

해설 시간부사 right now가 있으므로 현재진행시제가 가장 적절하다.

해석 지난주부터 도시 전체의 날씨가 나빠졌다. 모든 비행편은 취소되었고 전력이 끊겼다. 바다 근처 거주자들은 지금 당장 해수면이 올라가자 떠나기 시작하고 있다.

shut down ⓥ 공장·가게가 문을 닫다; (기계가) 멈추다[정지하다]

03   정답 (b)

해설 when 부사절 접속사 절의 시제가 현재이므로 주절에는 미래시제가 올 수 있다. 미래의 한 시점에 진행되고 있는 상태에 대해서 묘사하기 위해서 미래진행을 쓸 수 있다. will be staying이 가장 적절하다.

해석 나는 우리가 함께 휴가를 가기를 바란다. 그러나 당신이 과제물을 먼저 마치고 나중에 (휴가에) 뒤따라 와야 한다는 것에 동의한다. 당신이 도착할 때 나는 Stars 호텔에 머무르고 있을 것이다.

04   정답 (b)

해설 문제 속이 아니라 보기에 시간 부사를 준 경우이다. (a)~ (d)에 모두 now가 있는 것을 확인할 수 있다. 현재진행 시제와 가장 어울린다.

해석 Okada씨는 영화 The beautiful days의 호평을 들었다. 그녀의 친구들은 단순하지만 재미있는 줄거리를 칭찬했다. 모든 긍정적인 피드백이 진짜인지 확인하기 위해 Okada는 지금 영화를 보고 있다.

plot ⓝ 구성[플롯/줄거리]

05   정답 (c)

해설 when절의 시제가 과거이므로 주절의 시제는 과거진행이 가장 적절하다.

해석 Melissa Shaw는 거의 10분 동안 노크를 했지만 아무도 그녀를 위해 문을 열지 않았다. 그녀의 남편은 Melissa이 도착했을 때 샤워를 하고 있었기 때문에 그녀가 노크하는 것을 들을 수 없었다.

06   정답 (a)

해설 시간부사 right now가 있으므로 현재진행 시제가 가장 적절하다.

해석 당신은 아마도 오늘 William과 얘기할 수 없을 것이다. 그는 지금 고객과 전화하고 있으며 나머지 시간에는 세미나에 참석할 것이다.

07   정답 (a)

해설 주절의 시제가 명령문이다. 앞으로 할 일에 대해서는 명령문을 쓰므로 and 이하로 연결되는 시제에도 미래를 표현하는 것이 가장 적절하다.

해석 우리의 감독관은 정확히 매일 아침 8시 25분에 도착하는 인상적인 습관이 있다. 지금은 8시 20분이다. 저 문을 봐라. 그러면 정확히 5분 후에 그가 사무실에 들어올 것이다.

08
정답 (d)

[해설] when 부사절의 시제가 현재이므로 미래를 이야기하는 것임을 알 수 있다. 미래시제는 (a)와 (d) 두 개가 나왔는데, 조카의 비행기가 도착할 때 기다리고 있다는 진행을 강조하기 위해서는 미래진행시제가 더욱 적절하다.

[해석] Sally의 조카는 처음으로 혼자 여행하려 하는데, New York에서 길을 잃을까봐 매우 두려워하고 있다. 그러나 Sally는 조카가 탄 비행기가 도착할 때 그를 기다리고 있을 것이니 조카에게 걱정하지 말라고 말한다.

09
정답 (b)

[해설] the people이 주어이고 동사가 didn't know임으로 과거의 상황임을 알 수 있다. 또한 지진이 발생했을 때 사람들이 자고 있는 동작을 나타내므로 과거진행시제가 가장 적절하다.

[해석] 지진은 아침 5시쯤에 일어났다. 그러나 그것은 아주 경미해서 그 때 자고 있던 대부분의 사람들은 그것이 일어났는지 모른다.

10
정답 (a)

[해설] 전시회를 열 계획을 하고 있는 것이므로 앞으로 일어날 일을 준비하는 것임을 알 수 있다. (d)의 미래완료시제는 미래시점까지 계속적으로 계획을 해 오고 있게 된다는 말이 되므로 문맥상 올바르지 않다.

[해석] 많은 예술가들은 후한 여자에게 후원받았다. 그녀는 10년 전에 죽었지만, 그녀에게 후원받은 예술가들은 그녀의 노력을 기억하기 위해 전시회를 열 계획이다.

generous ⓐ 1. 후한[너그러운] 2. 넉넉한 3. 관대한[아량 있는]

11
정답 (c)

[해설] 조건을 나타내는 부사절 if절에서 현재시제가 쓰인 것으로 보아 미래를 이야기하는 것임을 알 수 있다. 주절에는 미래시제가 들어가는 것이 가장 적절하다. 현재 진행시제도 미래를 나타낼 수 있지만 보기에 「will + 동사원형」이 없는 경우에 정답이 될 수 있다.

[해석] 온도가 오늘 밤에 섭씨 11도 아래로 떨어질 예정이다. 우리 사과나무의 열매를 그대로 둔다면 서리가 그것을 손상시킬 것이다.

be supposed to …하기로 되어 있다; …할 의무가 있다
frost ⓝ 서리, 성에

12
정답 (a)

[해설] 조건 부사절 접속사 unless(= if ~ not)절에서 현재시제 동사가 쓰인 것으로 보아 주절에는 미래시제 동사가 와야 한다.

[해석] 처음에 집 소유자들은 내가 그들의 집값으로 30만 달러를 제의한 것을 거절했다. 그러나 다음 주까지 더 나은 제안이 없다면 그들은 나의 제안을 다시 고려할 것이다.

offer ⓝ (금전적)제의, 제의한 액수

13
정답 (c)

[해설] when 부사절에서의 시제가 과거이므로 주절의 시제는 과거진행시제가 가장 적절하다.

[해석] Steve는 그 재밌는 미스터리 소설을 내려놓을 수 없었다. 갑자기 창문이 산산조각 났을 때 그는 특히 무서운 장면을 읽고 있었다.

put down ⓥ 1. 내려놓다 2. 적다(적어두다) 3. 지불하다
shatter ⓥ 산산이 부서지다, 산산조각 나다; 산산이 부수다, 산산조각 내다

14
정답 (b)

[해설] Unless 시간 부사절에서 동사의 시제가 현재이므로 주절에는 미래시제가 들어가는 것이 가장 적절하다. won't는 will not의 줄임말이다.

[해석] 판매가 변동이 없었기 때문에 소프트웨어 회사는 새 직원을 고용하는 것을 멈추었다. 갑작스러운 수익인상이 없다면 추가적인 직원은 고용되지 않을 것이다.

level off 1. 수평을 유지하다 2. (한동안 급등·급락하다가) 변동이 없다[잠잠해지다/안정되다]

15   정답 (b)

해설 시간 부사 next semester가 있으므로 미래를 표현하는 시제가 와야 한다. 현재 진행시제는 미래를 표현할 수 있으므로 (b)가 정답이다. (a)의 will be visited는 미래시제인 것은 맞지만 수동태의 형태(be p.p.)로 쓰였다. 수동태는 목적어를 취할 수 없는데 빈칸 뒤에 Brazil이 있으므로 오답이다.

해석 Bella는 남아메리카의 언어와 문화에 매력을 느꼈는데 다행스럽게도 그것을 더 배울 기회가 생겼다. 그녀는 스페인어를 공부하기 위해 다음 학기에 교환 학생으로 브라질을 방문 할 것이다.

16   정답 (d)

해설 조건 부사절 접속사 if절의 시제가 현재이므로 주절 시제는 미래가 되어야 한다.

해석 그 공동체의 어떤 사람들은 교통 신호에 문제를 겪었다. 그 도시는 어려움이 지속된다면 신호가 조절될 것을 약속했다.

adjust ⓥ 1. (약간) 조정[조절]하다 2. 적응하다 3. (매무새 등을) 바로잡다[정돈하다]

17   정답 (b)

해설 when 부사절의 시제를 찾는 문제이다. 주절의 시제가 과거진행(was limping)이 왔으므로 시제 일치에 따라서 과거 시제가 가장 올바르다.

해석 모든 사람들은 어떻게 10세 소년이 차 사고로부터 그의 친구들을 구했는지 놀랐다. 많은 사람들은 그가 부상 입은 어린이들을 옮겼을 때 그 소년이 심하게 다리를 저는 것을 봤다.

rescue ⓥ (위험에서) 구하다, 구조[구출/구제]하다
limp ⓥ 1. 다리를 절다[절뚝거리다] 2. (손상이 생겨) 느릿느릿 나아가다[움직이다] ⓐ 기운[활기]이 없는, 축 처진[늘어진]

18   정답 (c)

해설 문맥상 지금까지 해 온 다이어트 효과가 있지 않으므로 앞으로 6시 이후에는 아무 것도 먹지 않겠다고 계획하는 내용이 적절하다. 앞으로 할 일을 계획하고 있으므로 현재진행 시제가 가장 적절하다. 미래진행시제를 쓰면 미래에 계획을 세우고 있는 중인 의미가 되므로 적절하지 않다.

해석 Jenny는 최근에 살이 많이 쪄서 열심히 운동했지만 효과가 없었다. 필사적으로 전처럼 날씬해지고 싶어서 그녀는 6시 이후로 아무것도 먹지 않기로 계획하고 있다.

19   정답 (d)

해설 when 부사절의 시제가 과거이므로 주절의 시제는 과거 진행시제가 가장 적절하다.

해석 학교 도서관에서 그녀의 남자친구를 기다리는 동안 Adela는 영어 수업을 위한 오디오 녹음을 끝내려고 했다. 그녀는 남자친구가 도착했을 때도 계속 목소리를 녹음하고 있었다.

20   정답 (c)

해설 시간부사 upcoming Friday를 통해서 미래를 표현하는 시제가 와야 하는 것을 알 수 있다.

해석 Maria Sharapova는 세계에서 가장 유명한 테니스 선수 중 하나이다. 그녀는 다가오는 금요일 오후에 시범경기에서 시합할 것이고, 나는 그녀의 후원자들이 그녀를 보고 아주 즐거워 할 것임을 확신한다.

exhibition ⓝ 1. 전시, 전시회 2. 발휘, 표현 3. 시범경기

2 | 완료 & 완료진행시제

❶ 완료시제

1) 현재완료

과거시제는 과거의 단순한 사건만을 말하지만 현재완료는 과거 사건이 현재까지 영향을 미치는 경우에 표현할 수 있다. 형태는 「have p.p.」이며 주어가 3인칭 단수인 경우 「has p.p.」로 표현한다.

> - I lost my watch yesterday. (어제 시계를 잃어버렸다는 사실을 전달하지만 현재 그 시계를 찾았는지 새로 샀는지 등의 정보는 알 수 없다.)
> - I have lost my watch. (= I lost my watch and don't have the watch now. 과거에 시계를 잃어버려서 지금 없는 상태까지 담고 있다.)

현재완료는 쓰이는 부사구나 문맥에 따라서 다양한 해석을 할 수 있다.

① 현재 시점에 있어서 '완료'를 나타낸다. 함께 잘 쓰이는 부사(구) 표현을 잘 보면 문맥을 쉽게 추론할 수 있다.

> already   yet   just   lately   this week   recently

> - He has already had lunch. 그는 벌써 점심을 먹었다.
> - We have just come back from our holiday. 우리는 휴가에서 막 돌아왔다.

② 과거부터 현재까지의 '계속'을 나타낸다. 함께 쓰이는 부사(구)를 통해서 추측할 수 있으며, G-TELP 시험에서는 '계속'적 용법을 가장 많이 묻는다. 특히나 현재완료시제보다는 '현재완료 진행형'으로 정답이 많이 출제되니 반드시 익혀두자.

> **G-TELP 취향저격** 현재완료 진행형이 정답이 되는 부사(구)
>
> for + 기간 명사, since + 과거시점 명사, since + S + 과거동사
> all day   all morning   how long

> - William and Sophie are talking on the phone right now. They have been talking on the phone for over two hours. William과 Sophie는 지금 전화통화 중이다. 그들은 2시간 넘게 전화 통화를 해오고 있는 중이다.
> - It has been raining all week. 이번 주 내내 비가 오고 있다.

- Josh has been living in London since 2015. 2015년 이래로 Josh는 런던에서 살고 있다.

③ 과거부터 현재까지의 '경험'을 나타낸다.

ever	never	before	often	once	twice	~times	seldom

- A: Have you ever seen a whale in person? 너는 고래를 직접 본 적이 있어?
- B: Yes, I have seen one before. 응, 전에 본 적 있어.
  No, I have never seen one. 아니, 한 번도 본 적이 없어.

※ 「~에 가[왜]본 적이 있다」라고 경험을 표현할 때는 「have gone[come]」을 쓰지 않고 「have been to + 장소명사」를 쓴다.
- I have been to Sydney before. 나는 전에 시드니에 간 적이 있다.

④ 사건이나 동작이 과거에 끝나고 그 결과가 현재까지 남아 있는 '결과'를 표현할 수도 있다. '완료'를 나타내는 표현과 비슷하거나 겹치는 경우가 많다.
- I have bought a cell phone. → I bought a cell pone and have it now.
  나는 휴대폰을 샀다. → 그래서 지금 휴대폰이 있다.
- She has gone to Busan. → She went to Busan and is there now. She is not here.
  그녀는 부산에 가고 없다.

2) 과거완료

과거를 기준으로 완료, 경험, 계속 등을 나타낸다. 과거보다 먼저 일어난 '대과거'도 과거완료형태로 표현할 수 있다. 형태는 「had p.p.」이다.
- I had lived there for 10 years when the war broke out. 〈계속〉
  나는 전쟁이 일어났을 때 십 년 째 그곳에 살고 있었다.
- I had tasted her cooking before, so I declined the invitation. 〈경험〉
  나는 전에 그녀가 만든 음식을 먹어 본 적이 있어서 그 초대를 거절했다.

[대과거]
- My uncle sent me a coat that he had bought in London. 삼촌이 런던에서 산 코트를 내게 보내주셨다.

G-TELP 취향저격 과거완료 진행형이 정답이 되는 경우

시간 부사절 before / by the time / since 절의 시제가 과거이며, for + 기간명사

- I had been waiting for Henry for over two hours before he finally arrived.

그가 마침내 도착하기 전까지 나는 Henry를 2시간 넘게 기다리고 있었다.

- By the time the concert began, I had been standing in line for two hours.

콘서트가 시작할 때 쯤, 나는 두 시간 째 줄을 서고 있었다.

- He said that he had been driving non-stop for three hours when he started falling asleep. 그가 말하기를 그가 졸기 시작했을 때, 그는 쉬지 않고 3시간 째 운전을 해오고 있었다.

3) 미래완료진행

미래의 특정시점이 되는 그때까지 상태나 동작이 계속되는 경우나, 완료되는 경우 미래완료를 써서 표현할 수 있다. 형태는 「will + have p.p.」이다.

- After visiting Hawaii next week, I will have been there 10 times.

다음 주에 하와이를 다녀오면, 나는 그곳에 10번 방문한 것이 된다.

G-TELP 취향저격 미래완료 진행형이 정답이 되는 경우

By the time/ by this time tomorrow 절이 미래를 나타내는 현재시제이며, for + 기간명사가 오는 경우.

- By the time he finally gets it, he will have been waiting for many months.

그가 그것을 가질 때쯤, 그는 몇 달째 기다려오게 되는 것이다.

- By this time tomorrow she will have been telling her friends about how Rose dumped Peter. 내일 이 시간쯤에 그녀는 그녀의 친구들에게 어떻게 Rose가 Peter를 차게 되었는지를 말하고 있는 중일 것이다.

Check-up

01

He _____ the restaurant for seven years when the economic depression forced him to close it down.

(a) is running
(b) will be running
(c) has ran
(d) had been running

02

That is why she _____ me to go with her to watch the premiere of Shocking Comedy show since last week.

(a) has been asking
(b) will ask
(c) asked
(d) can ask

03

Her friend told her that they _____ for half an hour already and would just call her later.

(a) will wait
(b) can wait
(c) are waiting
(d) had been waiting

01

해설 기간을 표현하는 for seven years (7년 동안)이 나왔으므로 완료시제와 쓰는 것이 적절하며 when 부사절 시제가 과거이므로 시제 일치에 따라서 과거완료/과거완료 진행형이 들어가야 적절하다.

해석 경제 침체로 그가 식당 문을 닫아야 했을 때, 그는 식당을 7년 째 운영해 오고 있는 중이었다.

어휘 depression ⓝ 1. 우울, 우울증 2. 불경기, 불황

정답 (d)

02

해설 since last week (지난 주 이래로)라는 시간 부사를 통해서 과거시점부터 현재까지 지속되고 있는 상황임을 알 수 있다. 현재완료/현재완료 진행시제가 들어가야 적절하다.

해석 그것이 그녀가 지난주부터 Shocking Comedy Show의 초연을 함께 보러 가자고 계속해서 요청해오고 있는 이유이다.

어휘 premiere ⓝ (영화의) 개봉; (연극의) 초연

정답 (a)

03

해설 기간을 표현하는 for half an hour (30분 동안)이 있으므로 완료 시제를 써야 한다. 보기 중에 완료 표현은 (d)뿐이다.

해석 그녀의 친구는 그녀에게 그들이 이미 30분 동안 기다렸고 나중에 그녀에게 전화할 것이라고 말했다.

정답 (d)

04

For the last four years, master craftsmen _____ its intricate wood carvings.

(a) are carefully restoring

(b) will carefully restore

(c) have been carefully restoring

(d) carefully restored

05

He _____ for the American Bank for almost ten years now.

(a) had been working

(b) was working

(c) will have been working

(d) has been working

06

I'm sure that by this time tomorrow she _____ her friends about how Trisha dumped Kanul.

(a) has told

(b) will have been telling

(c) has been telling

(d) could have told

04

해설 기간을 나타내는 표현 for the last four years (지난 4년 동안)을 통해서 완료시제와 쓰여야 함을 알 수 있다. 현재완료진행인 (c)가 가장 적절하다.

해석 지난 4년 동안 장인들은 그것의 정교한 나무 조각을 세심하게 복원해오고 있는 중이다.

어휘 ▌ intricate ⓐ 얽힌, 복잡한; 난해한

정답 (c)

05

해설 기간을 나타내는 시간 부사 for almost ten years (거의 10년 동안)를 통해서 완료표현이 쓰여야 함을 알 수 있다. 또한 now (지금)은 현재를 나타내고 있으므로 현재완료/현재완료진행시제가 가장 적절하다.

해석 그는 지금까지 거의 10년 동안 American 은행을 위해 일해오고 있다.

정답 (d)

06

해설 시간 부사 by this time tomorrow (내일 이때까지/내일 이때)이 미래의 특정 시점이며 그 시점까지 특정 동작이 계속되고 있는 상태를 표현하는 미래완료/미래완료진행 시제가 들어가야 한다.

해석 나는 내일 이때쯤 그녀가 그녀의 친구들에게 어떻게 Trisha가 Kanul를 차버렸는지를 이야기하고 있는 중일 것이라고 확신한다.

어휘 ▌ dump ⓥ
   1. 버리다
   2. 떠넘기다
   3. 팔아치우다
   4. 내려놓다
   5. (애인을)차다

정답 (b)

07

They _____ the alligators for more than fifteen years by the time they finish their research in 2025.

(a) are studying
(b) will have been studying
(c) had been studying
(d) were studying

08

Aiden's architectural firm _____ impressive buildings in the US for 35 years now.

(a) will design
(b) designs
(c) has been designing
(d) had been designing

09

To save money, he _____ for interesting books at bargain bookstores for years before he discovered the website.

(a) had been looking
(b) was looking
(c) looks
(d) looked

07

해설 기간을 나타내는 표현 for more than fifteen years (15년 이상 동안)이 있으므로 완료시제가 쓰여야 한다. 완료시제는 (b)와 (c)인데, in 2025 (2025년에)라는 시간 부사가 미래를 표현하고 있으므로 미래완료진행형인 (b)가 올바르다.

해석 그들이 연구를 마칠 때쯤인 2025년에 그들은 15년 이상 악어 연구를 진행하고 있는 것이 될 것이다.

정답 (b)

08

해설 기간을 나타내는 표현 for 35 years를 통해서 완료시제와 쓸 수 있는 것을 알 수 있다. (c)와 (d)가 완료표현이지만 now가 있으므로 현재완료진행이 적절하다.

해석 Aiden 건축 사무소는 미국에서 지금까지 35년 동안 인상적인 건물들을 디자인해오고 있는 중이다.

정답 (c)

09

해설 기간을 나타내는 표현 for years (몇 년 동안)이 있으므로 완료시제와 써야 한다. 보기에서 완료시제는 (a) 뿐이다.

해석 돈을 절약하기 위해, 그가 웹 사이트를 발견하기 전에 몇 년 동안 관심 있는 책들을 할인 서점에서 찾았었다.

정답 (a)

10

He was hired as museum curator by an experimental art museum and _____ as its co-director for several months now.

(a) would be working

(b) was working

(c) has been working

(d) had been worked

11

Since last months's employee training, staff productivity _____ much more than expected.

(a) improving

(b) improves

(c) has improved

(d) to be improved

12

Dr. Suzuki arrived for the awards ceremony on time even though her train _____ twenty minutes late.

(a) is leaving

(b) will leave

(c) to leave

(d) had left

10

해설 기간을 나타내는 for several months (몇 개월 동안)이 있으므로 완료 시제를 써야 하며 now (현재)가 있으므로 현재완료진행형인 (c)가 정답이다.

해석 그는 실험적인 예술 박물관에 큐레이터로 고용되었고, 지금 몇 개월 째 공동 관리자로써 일해오고 있는 중이다.

어휘 ▌ experimental ⓐ 실험적인, 실험의

정답 (c)

11

해설 Since가 이끄는 구가 과거부터 현재까지의 시간을 나타내므로 현재완료 시제가 가장 적절하다.

해석 지난달의 직원 연수 이후 직원 생산성이 예상했던 것보다 훨씬 더 향상되었다.

정답 (c)

12

해설 주절의 시제가 과거(arrived)로 기차가 20분 늦게 출발한 것이 Suzuki박사가 시상식에 도착한 것보다 먼저 일어난 일이므로 과거완료 시제(had p.p.)가 되어야 한다.

해석 Suzuki 박사는 기차가 20분 늦게 출발했음에도 불구하고 시상식에 제시간에 도착했다.

정답 (d)

13

At the end of next month, executive chef Tracy Nakagawa ＿＿＿＿＿＿ the kitchen at the Hokulea Cafe for ten years.

(a) has supervised

(b) will have supervised

(c) had been supervising

(d) is supervising

13

해설 미래의 시점을 나타내는 표현(At the end of next month)가 있으므로 '다음 달 말이면 10년이 된다'는 의미를 표현할 수 있는 미래 완료시제가 가장 적절하다.

해석 다음 달 말이면 수석 요리사인 Tracy Nakagawa와 Hokulea 카페 주방을 감독한 지 10년이 된다.

정답 (b)

14

The August shipment ＿＿＿＿＿＿ from Busan and is waiting in the receiving dock.

(a) arrives

(b) has just arrived

(c) should have arrived

(d) will be arriving

14

해설 빈칸 뒤에 나온 is waiting이 단서이다. '이미 도착해서 기다리고 있는 중'이 되어야 하므로 현재완료시제의 완료용법이 가장 적절하다.

해석 8월 배송품은 부산에서 이제 막 도착했고 하역장에서 대기하고 있다.

어휘 | shipment ⓝ 1. 수송 2. 수송품, 적하물
| dock ⓝ 부두, 선창, 화물 적재 플랫폼

정답 (b)

15

We ＿＿＿＿＿＿ ten inquiries since the advertisement ran in last week's edition of the newspaper.

(a) will be receiving

(b) had received

(c) have received

(d) to have received

15

해설 지난주에 신문 광고를 낸 이래로(Since the advertisement ran in last week's edition of the newspaper)이 과거부터 현재까지의 시간을 나타내므로 현재완료 시제와 어울린다.

해석 우리는 지난주에 신문 광고를 낸 이래로 10건의 문의를 받았다.

어휘 | inquiry ⓝ 물음, 문의

정답 (c)

Exercise

한 권에 끝내는 지텔프 32점

1 Benjamin has recently been in trouble finding how to decorate his house on his own. Thanks to Syvia, he got a useful book. He now _____ the book for 5 hours.

(a) reads
(b) has been reading
(c) will read
(d) had read

2 The executive secretary failed to do her boss's order and she was explaining to him what took place. She _____ his client for hours to schedule a meeting but couldn't get an answer.

(a) was calling
(b) would call
(c) had been calling
(d) will have been calling

3 Fabien had car accident 3 years ago and was seriously injured. Since then, despite his disability, he _____ his best to walk on his feet, which makes everyone touched.

(a) will have done
(b) was doing
(c) must do
(d) has been doing

4 Gabriel is now HD Corporation's top salesman, but he had a tough time when he was starting. In fact, he _____ real estate for almost six months before he finally closed his first deal.

(a) had been selling
(b) would have sold
(c) was selling
(d) sold

5 Olivia has decided to go home and take a much needed nap after lunc _____ on her science project all morning and doesn't think she has enough energy left to make it through another class.

(a) is working
(b) works
(c) has been working
(d) would have worked

6 I believe Miranda deserves a reward for her diligent work. She _____ on her tax report for several days now and has not gotten an enough night's sleep.

(a) has been working hard
(b) had already worked
(c) is working hard
(d) will work hard

40 이현아 취향저격 지텔프 32점

Exercise

7 Sophie has to work first to save money for college tuition. Based on her calculations, she _____ for a year and a half by the time she is ready for college.

(a) will have been working
(b) would have worked
(c) will work
(d) is working

8 A car bomb explosion killed 20 people and made more than 10 injured yesterday. Auth–orities said the crowd _____ fireworks when the car bomb exploded.

(a) watches
(b) has been watching
(c) will have watched
(d) had been watching

9 My sisters and I are studying foreign languages. They are taking up classes in French while I am studying Spanish. In fact, by the end of this year I _____ Spanish for 3 years.

(a) am studying
(b) have studied
(c) will have been studying
(d) would study

10 Mr. Jackson, the manager at the restaurant I work for, has not changed his hair style for more than 5 years now. His hair designer _____ him the same haircut every month since 2012.

(a) will be giving
(b) had given
(c) must give
(d) has been giving

11 Albert Einstein has been regarded as one of the most famous scientists in the world. His findings _____ scientists even up to now.

(a) have been influencing
(b) are influencing
(c) had been influenced
(d) should have influenced

12 KBO has given Mr. Kim a year suspension for slapping a referee during the game. He _____ to the Board to reconsider its decision for almost a week now.

(a) is pleading
(b) might have pleaded
(c) has been pleading
(d) will plead

13 This morning Gloria was taken to the hospital by her family. Her sister told me that she _____ for a week on a complicated project without any rest.

(a) is working
(b) had been working
(c) will be working
(d) having worked

14 A team of marine biologists are conducting an indepth study on the humpback whales. They _____ the mammal for 15 years by the time they complete their research in 2030.

(a) are studying
(b) were studying
(c) have studied
(d) will have been studying

15 Emily _____ anxiety attacks and depression for quite some time now. To prevent her from feeling anxious and depressed, Dr. Cindy advised her to engage in sports or do her favorite activities.

(a) is experiencing
(b) has experienced
(c) will be experiencing
(d) had already experienced

2 | 완료 & 완료진행시제

01
정답 (b)

해설 기간을 표현하는 「for + 시간 명사」가 왔으므로 완료 시제와 잘 어울린다. 또한 now라는 시간 부사가 있으므로 현재완료진행시제가 가장 적절하다.

해석 Benjamin은 최근에 그 스스로 그의 집을 꾸미는 방법을 찾는데 어려움을 겪었다. Syvia덕분에 그는 유용한 책을 얻었다. 그는 지금 5시간 동안 책을 읽고 있다.

02
정답 (c)

해설 for hours (몇 시간 동안)이라는 표현을 통해서 완료 용법이 쓰인다는 것을 확인할 수 있다. 기준 시점이 과거이므로 과거완료진행인 had been calling이 정답이다.

해석 비서실장은 사장의 명령을 수행하는데 실패했고 그녀는 그에게 무슨 일이 있었는지를 설명하고 있었다. 그녀는 몇 시간동안 사장의 고객에게 미팅 일정을 잡기 위해 전화를 했었지만 답변을 얻을 수 없었다.

03
정답 (d)

해설 since then(그때 이후로)라는 시간 부사구가 있으므로 현재완료 시제와 가장 잘 어울린다.

해석 Fabien은 3년 전에 차 사고를 당해서 심각하게 부상당했다. 그 때 이후로 그의 장애에도 불구하고 그는 그의 발로 걷는 것에 최선을 다하고 있으며 그것은 모든 사람들이 감동받게 만들었다.

04
정답 (a)

해설 기간을 표현하는 for almost six months (거의 6개월 동안)이 있고 before 시간 부사절의 시제가 과거이므로 과거완료 진행시제가 가장 적절하다.

해석 Gabriel은 지금 HD회사의 최고 판매사원이지만, 그는 시작할 때 힘든 시기가 있었다. 사실 그는 그가 결국 첫 거래를 매듭짓기 전 거의 6개월 동안 부동산을 팔고 있었다.

real estate 부동산

05
정답 (c)

해설 지속성을 표현하는 all morning이라는 시간 부사는 완료시제와 잘 어울린다. 현재완료진행형인 (c)가 가장 적절하다.

해석 Olivia는 점심 후에 집에 가서 아주 필요한 낮잠을 자기로 결심했다. 그녀는 아침 온종일 과학 프로젝트를 작업했고 다른 수업을 통과할 충분한 힘이 있다고 생각하지 않는다.

make it through 통과하다

06
정답 (a)

해설 기간명사 (for several days)가 나왔으므로 완료시제와 어울리며 현재를 표현하는 시간부사 now가 있으므로 현재완료시제가 가장 적절하다.

해석 나는 Miranda가 그녀의 근면함에 대한 보답을 받을 자격이 있다고 믿는다. 그녀는 지금 며칠 째 세금 보고서 일을 열심히 해오고 있으며 아직까지 충분한 수면도 취하지 못했다.

deserve ⓥ ~할 자격이 있다

07
정답 (a)

해설 기간을 나타내는 부사구 for a year and half (1년 반 동안)는 완료시제와 잘 어울린다. 또한 by the time (~할 때쯤)의 접속사가 이끈 절에서 시제가 현재인 것으로 보아 미래시제가 들어가야 한다. 미래시제이면서 완료를 표현하는 미래완료진행 시제가 가장 적절하다.

해석 Sophie는 대학 등록금을 위한 돈을 모으기 위해 처음으로 일을 해야 한다. 그녀의 계산에 의하면 그녀는 그녀가 대학갈 준비가 될 때까지 1년 반 동안 일해야 한다.

08
정답 (d)

해설 when 부사절이 과거시제(exploded)이므로 주절은 과거완료시제가 가장 적절하다.

해석 어제 있었던 차 폭발은 스무 명의 사람을 죽게 만들고 열 명이 넘는 사람들을 다치게 했다. 관계당국은 차가 폭발할 때 군중들이 불꽃을 보고 있었다고 말했다.

explosion ⓝ 폭발, 폭파

09
정답 (c)

해설 기간명사(for 3 years)가 있으므로 완료시제가 적절하며, 미래시간부사 (by the end of this year)이 있으므로 미래완료시제가 가장 적절하다.

해석 내 여동생들과 나는 외국어 공부를 하고 있는 중이다. 내가 스페인어를 공부하는 반면 그들은 불어 수업을 등록한다. 사실 이번 해 말쯤이 되면, 나는 스페인어를 3년째 공부하게 된다.

10
정답 (d)

해설 (since 2012)를 통해서 과거부터 현재까지 지속되는 상황임을 알 수 있으므로 현재완료 시제가 가장 적절하다.

해석 내가 일하는 식당의 매니저인 Jackson은 현재 5년 넘게 헤어스타일에 변화가 없다. 그의 헤어 디자이너가 2012년부터 그에게 매달 똑같은 커트를 해오고 있다.

11
정답 (a)

해설 시간부사(up to now)는 '지금까지'라는 뜻으로 과거부터 현재까지 지속되는 상황임을 알 수 있다. 현재완료 시제가 가장 적절하다.

해석 Albert Einstein은 세상에서 가장 유명한 과학자들 중 한 사람으로 여겨진다. 그의 발견들은 지금까지도 과학자들에게 영향을 끼치고 있다.

12
정답 (c)

해설 기간명사 (for almost a week)이 왔으므로 완료시제가 올바르며 현재를 나타내는 시간부사 now가 있다. 현재완료진행시제가 가장 적절하다.

해석 KBO는 김씨에게 경기 중에 심판을 때린 것에 대해 1년 출전정지를 내렸다. 그는 지금까지 거의 일주일 동안 이 사회에 그 결정을 다시 고려해달라고 간청하고 있다.

suspension ⓝ 1. 정직, 정학, (스포츠 선수의)출장 정지 2. 연기, 보류, 유예
slap ⓥ 1. 철썩 때리다 2. 탁 놓다 3. 철썩 부딪치다
referee ⓝ 1.심판 2. 추천인, 신원 보증인 3. 중재자(조정인) 4. 심사 위원
plead ⓥ 애원하다, 간청하다

13
정답 (b)

해설 기간명사(for a week)이 왔으므로 완료시제가 올바르고 주절 시제가 과거(told)이므로 과거완료가 가장 적절하다.

해석 오늘 아침에 Gloria는 그녀의 가족들에 의해 병원에 데려가졌다. 그녀는 일주일동안 휴식 없이 복잡한 프로젝트의 일을 했었다고 그녀의 여동생이 나에게 말했다.

complicated ⓐ 복잡한

14   정답 (d)

해설 기간명사(for 15 years)가 있으므로 완료시제가 적절하다. by the time은 '~할 때쯤'이라는 의미의 시간부사절 접속사이고 이 부사절에서 현재시제가 왔으므로 주절에는 미래시제가 와야 한다. 보기로 나온 미래완료진행시제가 가장 적절하다.

해석 해양 생물학자 팀은 혹등고래에 관한 심층연구를 실시하고 있다. 2030년 그들이 연구를 끝낼 때쯤이면 15년 동안 포유류 연구를 진행해 오고 있게 되는 것이다.

15   정답 (b)

해설 기간명사(for quite some time)가 있으므로 완료시제가 적절하며 현재를 나타내는 시간부사 now가 있으므로 현재완료시제가 보기 중 가장 적절하다.

해석 Emily는 요즘 불안발작과 우울증을 겪고 있다. 그녀가 불안하고 우울한 감정을 느끼는 것을 막기 위해 Cindy 박사는 그녀에게 스포츠를 해보거나 그녀가 가장 좋아하는 활동을 할 것을 충고했다.

한 권에 끝내는 **지텔프 32점**

가정법

Unit 02 가정법

① 가정법 과거 : **If + S + were / 과거동사, S + 조동사 과거형 + 동사원형**

현재 사실을 반대로 가정하거나 사실이 아닌 경우를 표현할 때 쓴다.

- <u>If</u> I <u>knew</u> his telephone number, I <u>could call</u> him. 만약 내가 그의 전화번호를 안다면, 나는 그에게 전화를 걸 수 있을 텐데. (실제로는 그의 전화번호를 모름)

- <u>If</u> it <u>were</u> not raining, I <u>would go</u> shopping. 비가 오지 않는다면 쇼핑을 갈 텐데. (실제로 비가 오고 있음)

② 가정법 과거완료 : **If + S + had p.p., S + 조동사 과거형 + have p.p.**

과거 사실을 반대로 가정할 때 쓴다.

- <u>If</u> we <u>had gone</u> by car, we <u>would have saved</u> time. 차로 갔었더라면 시간을 절약할 수 있었을 텐데. (차로 가지 않았음)

- <u>If</u> I <u>had studied</u> hard at school, I <u>could have gotten</u> a better job. 학교에서 열심히 공부를 했었다면, 더 좋은 일자리를 구할 수 있었을 텐데.

③ If가 생략된 가정법

If를 생략하면 주어와 동사를 도치시킨다. 주어 앞에 Were, Had, Should가 올 수 있다. If절이 빈칸으로 출제되는 경우 주절 시제를 통해서 가정법의 시제를 알 수 있다.

- <u>Were</u> I in his shoes, I wouldn't do that. 내가 만약 그의 입장이라면, 그렇게 하지 않을 텐데.
  = If I were in his shoes, I wouldn't do that.

- <u>Had</u> I <u>known</u> you were coming, I would have prepared lunch for both of us.
  네가 오는 것을 알았더라면 우리 둘을 위해 점심을 준비했을 텐데.
  = If I had known you were coming, I would have prepared lunch for both of us.

- <u>Should</u> you change your mind, let us know. 마음이 바뀌면 우리에게 알려줘.

G-TELP 취향저격 가정법 If only

If only는 '오직 ... 하기만 하면, ~좋을 텐데.' (가정법 시제에서 '강조'할 때 쓴다.)
– If only는 가정법 과거뿐 아니라 과거완료에도 쓸 수 있다. 가정법 시제에 부사가 첨가된 것이라고 보면 된다.

- If only I were not sick, I would go to her birthday party. 만약 내가 아프지 않다면, 나는 그녀의 파티에 갈 텐데.

- If only she had not given up, she could have finished the project. 만약 그녀가 포기하지 않았다면, 그녀는 그 프로젝트를 끝마칠 수 있었을 텐데.

④ 혼합 가정법 : **If+주어+had p.p.~ , 주어+조동사의 과거형+동사원형**

과거 사실을 반대고 가정한 경우 현재에 미치는 영향을 표현할 때 쓴다. 주로 부사 now, by now, today, still과 함께 쓰인다.

- If only I had studied harder, things would now be different.
  내가 공부를 더 열심히 했더라면, 지금은 상황이 달랐을 텐데.

- If the management had informed the staff earlier of the budget deficit, they would have not problem by now.
  경영진이 직원들에게 조금 더 일찍 예산 적자에 대해 알렸더라면, 그들은 지금쯤 문제가 없었을 텐데.

<If 가정법 과거> – 현재 사실과 반대 – 만약 ...한다면 ~할 텐데	「If + 주어 + 과거동사, 주어 + would, could... + 동사원형」 • If he worked hard, he would make more money.
<If 가정법 과거완료> – 과거 사실과 반대 – 만약 ...했었다면~이었을 텐데	「If + 주어 + had p.p., 주어 + would, could... + have p.p.」 • If he had worked hard, he would have made more money.
<혼합 가정법> – 만약 ...했었다면 (지금쯤) ~할 텐데	「If + 주어 + had p.p., 주어 + would, could... + 동사원형」 • If I had worked hard, I could make more money now.
★ 참고! <조건 부사절> – 어느 정도 실제로 가능할 경우에 사용 – 만약...라면 ~일 텐데	현재는 현재시제를, 미래는 미래시제를 사용한다. 단, if절에서 미래를 현재시제로 써야 한다. • If he works hard, he will make more money. • If it rains tomorrow, we will stay home.

01

If our ancestors had not learned how to build the house, we _____ living in caves.

(a) would have continued

(b) would be continuing

(c) continued

(d) had continued

02

If the bus had been full, she _____ to walk in the rain.

(a) will be forced

(b) was being forced

(c) was forced

(d) would have been forced

03

If he had not been busy, he _____ on the couch watching movies all day long.

(a) will be sitting

(b) would have sat

(c) sits

(d) is sitting

01

해설 If절의 시제가 「had p.p.」이므로 가정법 과거완료임을 알 수 있다.

해석 우리의 조상들이 집을 짓는 방법을 배우지 않았다면 우리는 동굴에 계속 살았을 것이다.

정답 (a)

02

해설 If절의 시제가 과거완료이므로 주절에는 「조동사 과거형 + have p.p.」 시제가 들어가야 한다.

해석 버스가 가득 찼다면 그녀는 빗속에서 걸었어야 했을 것이다.

정답 (d)

03

해설 If 가정법절의 시제가 「had p.p.」이므로 가정법 과거완료임을 알 수 있다.

해석 그가 바쁘지 않았다면 그는 하루 종일 영화를 보면서 소파에 앉아 있었을 것이다.

정답 (b)

04

If it _____, she would have bought the smartphone right away.

(a) is cheaper

(b) had been cheaper

(c) was cheaper

(d) would be cheaper

05

I'm sure that if she had a pony at home, she _____ it every day.

(a) would ride

(b) is riding

(c) will ride

(d) rides

06

If they had more time to prepare, they _____ more people.

(a) would invite

(b) have invited

(c) will invite

(d) are inviting

04

해설 주절의 시제가 「would + have p.p.」인 것으로 보아 가정법 과거완료임을 알 수 있다. If절에는 「had p.p.」 시제가 들어가야 한다.

해석 그것이 가격이 저렴했다면 그녀는 당장 스마트폰을 샀을 것이다.

정답 (b)

05

해설 If절의 시제가 과거인 것으로 보아 가정법 과거시제임을 알 수 있다. 주절에는 「조동사 과거형 + 동사원형」이 들어가야 한다.

해석 그녀가 집에서 조랑말을 갖고 있다면 그녀가 매일 그것을 탈 것이라고 나는 확신 한다.

정답 (a)

06

해설 If절의 동사 시제가 과거이므로 주절에는 「조동사 + 동사원형」이 들어가야 한다.

해석 그들이 준비하는데 더 많은 시간이 있다면 그들은 더 많은 사람을 초대할 것이다.

정답 (a)

07

He now thinks that if he had not gone to the men's room, he _____ it.

(a) will not lose

(b) cannot be losing

(c) would not have lost

(d) had not lost

08

If only his trip had been longer, he _____ his aunt in Virginia.

(a) would visit

(b) visited

(c) is visiting

(d) would have visited

09

Its manager says that the team would truly succeed if only it _____ a bigger fan base and a few more sponsorships.

(a) is generating

(b) will generate

(c) generated

(d) generates

07

해설 If절의 시제가 「had p.p.」로 나왔으므로 주절에는 「would/could/might + have p.p.」이 들어가야 한다.

해석 만약 그가 화장실에 가지 않았더라면 그는 그것을 잃어버리지 않았을 것이라고 그는 지금 생각한다.

어휘 ▌ men's room 화장실

정답 (c)

08

해설 If절의 시제가 「had p.p.」가 왔으므로 주절시제는 「would/could/might + have p.p.」이 되어야 한다.

해석 만약 그의 여행이 조금만 더 길었더라면 그는 Virginia에 있는 그의 이모 집에 방문했을 텐데.

정답 (d)

09

해설 주절의 시제는 says로 현재시제이지만 가정법이 종속절에 들어간 경우 종속절 안에서 다시 주절과 부사절로 나눌 수 있다. that절 안에서 주절의 동사는 would succeed이므로 「조동사 과거형 + 동사원형」이고 가정법 과거를 나타내는 표현임을 알 수 있다. 그러므로 if절의 동사는 과거시제가 되어야 한다.

해석 그 팀 매니저는 자신의 팀이 만약 더 큰 팬 층과 약간의 후원을 만든다면 정말로 성공할 것이라고 말한다.

정답 (c)

10

If the older generation had failed to pass the skill and wisdom to their children, their means of livelihood _____ up to this day.

(a) hasn't been lasting

(b) wouldn't last

(c) is not lasting

(d) hadn't lasted

10
해설 up to this day를 통해 혼합가정법임을 알 수 있다.
해석 만약 기성세대가 기술과 지혜를 그들의 아이들에게 전달해주지 않았더라면 그들의 생계 수단은 오늘날까지 지속되지 않았을 것이다.
정답 (b)

11

_____ anyone need assistance during the seminar, please come to the reception desk.

(a) Will

(b) Had

(c) Should

(d) If

11
해설 가정법에서 if가 생략되면 if절의 조동사나 동사가 주어 앞으로 도치된다. 가정법 미래 「If + S + should + 동사원형~, 명령문/미래시제」 문장에서 if가 생략되었으므로 조동사 should가 문두로 나가야 한다.
해석 세미나 기간에 도움이 필요하시면 누구든지 안내 데스크로 오세요.
정답 (c)

12

If we had purchased the tickets early, we _____ enjoying the game now.

(a) would be

(b) are

(c) have been

(d) will be

12
해설 시간부사 now가 있는 것으로 보아 혼합 가정법임을 알 수 있다. 혼합 가정법 「If + S + had p.p.~, S + 조동사 과거형 + 동사원형」의 형태로 '(과거에) 만약 ~했더라면 (지금은) ~할 텐데.'의 의미이다.
해석 우리가 표를 더 일찍 구매했더라면 지금 쯤 경기를 즐기고 있을 텐데.
정답 (a)

13

If we had found the errors in the financial report, we _____ them prior to submission for approval.

(a) will correct

(b) would correct

(c) corrected

(d) could have corrected

14

If the computer malfunction had not been reported so quickly, we _____ the necessary support.

(a) would not have received

(b) cannot receive

(c) will receive

(d) has received

15

We _____ in securing funds only if Dr. Wellington had led our research from the beginning.

(a) will succeed

(b) could have succeeded

(c) are succeeding

(d) had succeeded

13

해설 If절의 동사가 「had p.p.」인 것으로 보아 가정법 과거완료임을 알 수 있다. 주절에는 「조동사 과거형 + have p.p.」가 와야 한다.

해석 재무 보고서에 오류가 있다는 것을 알았더라면, 우리는 승인 받으려고 제출하기 전에 보고서를 수정할 수 있었을 텐데.

정답 (d)

14

해설 If절의 시제가 「had p.p.」인 것으로 보아 가정법 과거완료임을 알 수 있다. 주절에는 「조동사 + have p.p.」가 들어가야 한다.

해석 컴퓨터 오작동이 그렇게 빨리 보고되지 않았더라면 우리는 필요한 지원을 받을 수 없었을 텐데.

어휘 malfunction ⓝ 기능 부전, 고장, 기능 불량

정답 (a)

15

해설 if절의 시제가 과거완료이므로 가정법 과거완료임을 알 수 있다. 주절에는 「조동사 과거형 + have p.p.」 시제가 들어가야 한다.

해석 Wellington 박사가 시작할 때부터 우리의 연구를 이끌기만 했다면 우리는 자금을 확보하는 데 성공했을 것이다.

어휘 secure ⓥ
1. 얻어 내다, 획득하다
2. 고정시키다
3. 안전하게 지키다

정답 (b)

Exercise

1 Our bedroom looks calm and relaxing now that we've painted the walls. However, if we had hired a professional, I'm sure the room _____ even better.

(a) would have looked
(b) will be looking
(c) looks
(d) looked

2 Last weekend, I visited my cousin at his house in Surfers Paradise, Australia. Nothing could have been more fun than hitting the waves. If I lived there, I _____ every day.

(a) am swimming and surfing
(b) will swim and surf
(c) have swum and surfed
(d) would swim and surf

3 Kanul was late for an important meeting this morning because he missed the train. If he _____ when his alarm clock went off, he would have caught his ride.

(a) was getting up
(b) had gotten up
(c) got up
(d) will get up

4 Perhaps if the customer _____ about the car's excellent fuel efficiency, she would have made the decision to purchase it even sooner.

(a) had known
(b) knew
(c) should know
(d) knows

5 Angela partied with her friends last night. When she woke up this morning, she was still so tired that she couldn't go to school. If she had gone to bed early, _____ ready for school.

(a) has been being
(b) would have been
(c) is being
(d) would be

6 My five-year-old niece is very disappointed. She still doesn't have the walking doll that she has wanted for so long. If her mom had given her the toy last Christmas, she _____ the gift very much.

(a) would have appreciated
(b) will have been appreciating
(c) would appreciate
(d) was appreciating

7 _____ you have any questions or concerns about the benefits package, please do not hesitate to contact the accounting department.

(a) Could
(b) May
(c) Can
(d) Should

8 Catherine and Lucas got married last Saturday. Most of the Luca's relatives think that if she had not gotten pregnant, he _____ her, at least not this quickly.

(a) had not married
(b) is not marrying
(c) will not marry
(d) would have not married

9 Jayden works six days a week, and his only chance to rest is on Sundays. However, he also has to take care of his children on that day. If he weren't so busy, he _____ Sundays resting.

(a) would have spent
(b) would spend
(c) spends
(d) is spending

10 Though Daisy was generally a good worker, she often disagreed with her supervisor's requests. If he had demonstrated more patience and generosity toward her, she _____ more closely with him.

(a) would work
(b) will have worked
(c) might have worked
(d) had been working

11 More than 800 athletes attended the second Annual Sports Event held in Beijing. However, some scheduled events were canceled because of a lack of participants. _____ more thorough in their preparations, none of this would have happened.

(a) Were the organizers not
(b) If the organizers have been
(c) Should the organizers been
(d) Had the organizers been

12 Dr. Esther had dreamed of becoming a doctor since she was 10 years old. If she had not gotten scholarship from the Angel Medical School, she _____ from the medical school.

(a) would not graduate
(b) would not have graduated
(c) will not graduate
(d) should have graduated

13 Leo couldn't participate in an important writing workshop because his boss unexpectedly assigned him to convert an controversial issue. If his boss _____ someone else to cover the issue, he could have gone to the workshop.

(a) was asking
(b) has been asking
(c) will be asking
(d) had asked

14 Max spent most of his salary on a new computer so he wasn't able to pay his credit card bills last month. If he _____ it, he would have had enough money to pay his bills.

(a) wasn't purchasing
(b) will not have had
(c) hadn't purchased
(d) must purchased

01　　　　　　　　　　　　　　　　정답 (a)

해설 가정법 과거완료 시제의 문제이다. If절의 시제에 「had p.p.」를 사용하고 있으므로 주절에는 「would/could/might + have p.p.」이 와야 한다.

해석 우리가 벽을 색칠했기 때문에 우리 침실이 차분하고 편안해 보인다. 그러나 만약 우리가 전문가를 고용했더라면, 확신하건데 훨씬 더 멋져 보였을 것이다.

02　　　　　　　　　　　　　　　　정답 (d)

해설 If 가정법의 시제가 과거이므로 주절에는 「조동사 과거형 + 동사원형」이 가장 적절하다.

해석 지난 주말, 나는 서퍼들의 천국인 호주에 있는 사촌집에 방문했다. 그 어떤 것도 파도를 타는 것보다 재밌는 것은 없다. (= 파도를 타는 것이 가장 즐겁다.) 만약 내가 그곳에 산다면, 나는 매일 수영과 서핑을 할 텐데.

03　　　　　　　　　　　　　　　　정답 (b)

해설 주절의 시제가 「조동사 과거형 + have p.p.」이므로 가정법 과거완료 시제임을 알 수 있다.

해석 Kanul은 기차를 놓쳤기 때문에 아침에 중요한 회의에 늦었다. 그가 그의 알람시계가 울렸을 때 일어났다면 차를 탔을 것이다.

go off 1. 자리를 뜨다 2. 발사되다, 폭발하다 3. 울리다 4. 나가다

04　　　　　　　　　　　　　　　　정답 (a)

해설 주절 시제(would have made)인 것으로 보아 가정법 과거완료시제임을 알 수 있다. 주절에는 「had p.p.」 시제가 들어가야 올바르다.

해석 그 고객이 그 차의 우수한 연비를 알았더라면, 그녀는 더 빨리 구매 결정을 내렸을 것이다.

05　　　　　　　　　　　　　　　　정답 (b)

해설 If절의 시제가 「had p.p.」이므로 가정법 과거완료시제임을 알 수 있다.

해석 Angela는 어젯밤에 그녀의 친구들과 파티를 했다. 그녀가 오늘 아침에 일어났을 때 그녀는 너무 피곤해서 학교에 갈 수 없었다. 그녀가 일찍 잤다면 그녀는 학교 갈 준비가 되었을 것이다.

06　　　　　　　　　　　　　　　　정답 (a)

해설 If 가정법절의 시제가 과거완료이므로 주절에는 「조동사 과거형 + have p.p.」 시제가 들어가야 한다.

해석 나의 5살 조카딸은 아주 실망했다. 그녀는 아주 오랫동안 원했던 걷는 인형이 여전히 없었다. 그녀의 엄마가 작년 크리스마스에 그 인형을 줬다면 그녀는 그 선물에 아주 많이 감사했을 것이다.

niece ⓝ 조카딸, 여자 조카

07　　　　　　　　　　　　　　　　정답 (d)

해설 가정법에서 if가 생략되면 조동사 should나 were, had가 문두로 나간다. 주절의 문장이 명령문으로 나왔으므로 가정법 미래를 표현하는 should가 들어가야 적절하다.

해석 복리후생에 대한 문의 사항이나 우려 사항이 있으면, 주저하지 말고 경리부로 연락하십시오.

08　　　　　　　　　　　　　　　　정답 (d)

해설 If절의 시제가 「had p.p.」이므로 가정법 과거완료임을 알 수 있다.

해석 Catherine과 Lucas가 지난주 토요일에 결혼했다. Luca의 대부분의 친척들은 Catherine이 임신하지 않았더라면 적어도 이렇게 급하게 결혼하지는 않았을 것이라고 생각했다.

09 정답 (b)

해설 If절의 시제가 과거이므로 주절에는 「조동사 과거형 + 동사원형」이 가장 적절하다.

해석 Jayden은 일주일에 6일 일하며 쉴 수 있는 유일한 기회는 일요일이다. 그러나 그는 그 날도 아이들을 돌봐야 한다. 그가 그렇게 바쁘지 않다면 그는 일요일을 쉬는데 보낼 것이다.

10 정답 (c)

해설 If절의 시제가 과거완료이므로 가정법 과거완료시제임을 알 수 있다.

해석 Daisy가 대부분의 사람들에게 좋은 노동자임에도 불구하고 그녀는 감독관의 요구에 자주 반대했다. 그가 그녀에게 더 많은 인내심과 관대함을 보여줬다면 그녀는 그와 더욱 가까이 일했을 것이다.

11 정답 (d)

해설 주절의 시제가 「would have p.p.」이므로 가정법 과거완료임을 알 수 있다. (d)는 if가 생략되면서 had가 주어 앞으로 도치된 가정법 과거완료의 형태이다.

해석 800명 이상의 운동 선수들은 베이징에서 열리는 두 번째 연례 스포츠 행사에 참석했다. 그러나 몇몇 계획된 행사들은 참가자들의 부족으로 취소되었다. 주최자들이 준비에 더욱 철저했다면 이러한 상황은 일어나지 않았을 것이다.

12 정답 (b)

해설 If절의 시제가 「had p.p.」인 것으로 보아 가정법 과거완료 시제임을 알 수 있다.

해석 Esther 박사는 10살 이후로 의사가 되는 것을 꿈꿨다. 그녀가 Angel Medical School에서 장학금을 받지 못했다면 그녀는 의대를 졸업하지 못했을 것이다.

13 정답 (d)

해설 주절의 시제가 「조동사 과거형 + have p.p.」 이므로 가정법 과거완료 시제임을 알 수 있다. If절에는 had p.p가 들어가야 한다.

해석 Leo는 그의 상사가 예상치 못하게 논란이 많은 문제를 바꾸기 위해 파견했기 때문에 중요한 글쓰기 워크숍에 참석할 수 없었다. 그의 상사가 다른 사람에게 그 문제를 다룰 것을 요청했다면, 그는 워크숍에 갈 수 있었을 것이다.

assign ⓥ 맡기다, 선임하다, 파견하다, (사람을) 배치하다
convert ⓥ 1. 전환시키다, 개조하다 2. 전환되다 3. 개종하다, 전향하다, 바꾸다
controversial ⓐ논란이 많은

14 정답 (c)

해설 주절의 시제가 「조동사 과거형 + have p.p.」이므로 가정법 과거완료임을 알 수 있다.

해석 Max는 새로운 컴퓨터에 그의 월급 대부분을 써서 저번 달 신용카드 대금을 지불하지 못했다. 그가 그것을 사지 않았다면 그는 대금을 지불할 충분한 돈이 있었을 것이다.

bill ⓝ 1. 고지서, 청구서 2. 계산서 3. 법안

한 권에 끝내는 **지텔프 32점**

조동사

Unit
03 조동사

조동사는 동사 앞에 쓰여서 의미를 더해주거나 강조할 수 있다. 조동사 뒤에는 항상 동사원형을 써야 하고, 부정은 「조동사 + not + 동사원형」으로 쓰면 된다.
조동사 별로 의미가 다양하며, 지텔프에서 조동사는 문맥의 흐름에 적합한 조동사를 찾는 것을 문제로 묻는다. 해석을 요구하는 문제이다.

① will : ~일 것이다. (미래 표현)

- I <u>will go</u> to Tommy's birthday party tomorrow. 나는 내일 Tommy의 생일 파티에 갈 것이다.

② can : ~할 수 있다. (가능)/ ~해도 된다. (허가)

- I <u>can play</u> the piano. 나는 피아노를 연주할 수 있다.
- <u>Can</u> I <u>smoke</u> here? 제가 여기서 담배를 펴도 될까요?

※ cannot은 '~일 리가 없다'는 뜻으로 부정에 대한 강한 추측을 표현할 수 있다.

- She <u>cannot like</u> that boy because he is always teasing her. 그녀는 그 소년을 좋아할 리가 없는데, 그가 항상 그녀를 놀리기 때문이다.
- It <u>cannot be</u> true. 그것은 사실일 리가 없다.

③ may : 아마 ~일 것이다.

- James <u>may be</u> at school. James는 아마 학교에 있을 것이다.
- Peter <u>may not be</u> happy about your borrowing his car. Peter는 네가 그의 차를 빌리는 것을 좋아하지 않을지 모른다.

④ must : ~해야 한다. (의무) / ~임에 틀림없다. (강한 확신)

- You <u>must obey</u> the rules. 너는 규칙들을 준수해야 한다.
- There's the doorbell. It <u>must be</u> Mike. 초인종 소리다. Mike임에 틀림없다.

⑤ should : ~해야 한다. (의무) / ~하는 것이 좋겠다. (충고)

- You <u>should eat</u> more vegetables and less red meat. 너는 야채를 더 많이 먹고 육류를 덜 먹어야 한다.

- You <u>should go</u> see a doctor. 너는 의사선생님 진료를 보는 게 좋겠다.

⑥ 앞선 시제를 표현하는 「조동사 + have p.p.」

must have p.p.	~했음에 틀림없다.
- She must have received the parcel. I sent it by registered post. 그녀는 틀림없이 소포를 받았을 것이다. 내가 등기우편으로 보냈다.	
can't have p.p.	~했을 리가 없다.
- He can't have stolen the money. He was with me at that time. 그가 돈을 훔쳤을 리가 없다. 그때 나와 함께 있었으니까.	
should have p.p.	~했어야 했는데<하지 못한 것에 대한 후회나 유감 표현>
- I should have gone to the math lesson. 그 수학 수업을 들으러 갔었어야 했는데.	
may have p.p.	~했을 지도 모른다.
- I will call, but she may have already left. 내가 전화를 해보겠지만 그녀는 이미 떠났을지도 모른다.	
could have p.p.	~할 수도 있었는데 / ~했을지도 모른다.
- We could have gone to the concert, but now it's too late. 콘서트에 갈 수도 있었지만 지금은 너무 늦어버렸다. - She could have sent a message. 그녀가 메시지를 보냈을 지도 모른다.	

⑦ 명령·동의·제안·주장·요구·충고 동사나 명사, 이성적 판단을 나타내는 형용사가 온 다음에 that절이 '당위성(마땅히 해야 한다)'를 표현하는 경우 that절의 동사는 「(should) + 동사원형」이 되어야 한다.

- **동사** order agree suggest recommend insist request inquire demand advise
- **명사** decision wish order suggestion recommendation advice
- **형용사** important vital proper essential necessary urgent desirable

- The committee **suggested that** Mr. Brown (should) be selected. 그 위원회는 Brown씨를 선출할 것을 제안했다.
- It is our **wish that** Melanie (should) study economics in college. Melanie가 대학에서 경제학을 공부하는 것이 우리의 소원이다.
- It is **important that** the contract (should) be signed. 계약을 맺는 것이 중요하다.
- It is **essential that** everybody (should) arrive on time. 모든 사람이 정각에 도착하는 것은 필수이다.

주의

that절의 내용이 당위성을 나타내는 것이 아니라 현재나 과거의 객관적 사실을 나타내는 경우에는 that절의 동사는 인칭과 시제 일치 원칙을 따른다.

She <u>insisted that</u> she was present then. 그녀는 그때 참석했다고 주장했다.

He <u>suggested that</u> he wasn't nearly as drunk as they were. 그는 그들만큼 취하지 않았다고 말했다.

G-TELP 취향저격 조동사 should 생략이 가능한 경우 정답 선택 순위

〈명령/동의/제안/주장/요구/충고동사＋that＋S＋(should)＋동사원형〉에서 that절의 동사는 주로 should가 생략되고 동사원형이 정답이다.

➡ 보기 중에 '동사원형'이 없는데 'should＋동사원형'이 나온 경우에는 그것을 정답으로 선택하자.

　'동사원형'과 'be＋~ing'가 같이 보기에 나오면 '동사원형'을 정답으로 선택하라.

Check-up

01

Tommy recommends that she _____ to take part in the negotiation with the potential clients.

(a) be allowed
(b) is allowed
(c) will be allowed
(d) to be allowed

02

Mr. Frank insists that the company _____ a coffee business in China.

(a) starts
(b) be started
(c) start
(d) will start

03

Selina hasn't eaten anything since last night. She _____ be hungry.

(a) cannot
(b) must
(c) will
(d) shall

01
해설 명령/동의/제안/주장/요구/충고 동사 다음에 '당위성' 내용을
　　담은 that절이 목적어로 오면 that절의 시제는 「(should) +
　　동사원형」이 되어야 한다.
해석 Tommy는 그녀가 잠재적 고객과 협상하는데 참여하는
　　것이 허용 되어야 한다고 권고한다.

어휘 ▌negotiation 협상, 교섭, 절충, 협의
　　 ▌potential 가능성이 있는, 잠재적인

정답 (a)

02
해설
해석 Frank는 그 회사가 중국에서 커피 사업을 시작해야 한
　　다고 주장한다.
정답 (c)

03
해설
해석 Selina는 어제 저녁부터 아무 것도 먹지 않았다. 그녀는
　　배고픈 것이 틀림없다.
정답 (b)

O4

Although Yuna didn't have a plan to go to the beach, she _____ not resist buying beach dress displayed at a department store.

(a) could

(b) will

(c) shall

(d) must

O5

The FDA requires that new medicines _____ all test government conduct before the Pharmaceutical companies approve them.

(a) are passing

(b) be passed

(c) pass

(d) can pass

O6

His doctor told him it was necessary that he _____ a kidney surgery at once.

(a) has undergone

(b) undergo

(c) will undergo

(d) be undergone

O4

해설 문맥상 쇼핑 욕구를 견딜 수 없었다는 내용이 가장 적절하므로 could가 올바르다.

해석 Yuna는 바다에 갈 계획이 없었음에도 불구하고 백화점에 전시된 비치 드레스를 사고 싶어서 견딜 수 없었다.

정답 (a)

O5

해설 명령/동의/제안/주장/요구/충고 동사의 목적어로 that절이 왔고 '당위성'을 나타내므로 that절의 동사는 「(should) 동사원형」이 되어야 한다. 동사원형은 보기는 (b)와 (c)가 있지만 all test라는 명사 목적어가 있으므로 능동태인 (c)가 정답이다.

해석 FDA는 제약 회사에서 새로운 약을 승인하기 전에 새로운 약들이 정부에서 실시하는 모든 테스트를 통과할 것을 요구한다.

정답 (c)

O6

해설 이성적 판단의 형용사인 necessary가 오고 that절이 '당위성'을 담고 있는 경우 that절은 (should) 동사원형이 되어야 한다. 목적어에 해당하는 a kidney surgery가 있으므로 수동태인 (d)는 오답이다.

해석 그의 의사는 그가 신장 수술을 즉시 받는 것이 필요하다고 그에게 말했다.

어휘 ▮ kidney 신장, 콩팥
▮ at once 즉시, 당장

정답 (b)

07

She ordered that all managers _____ cost-cutting measures in all branches nationwide.

(a) implement
(b) implements
(c) will implement
(d) should have implemented

07

해설 명령동사 order의 목적어에 '당위성'을 담고 있는 that절이 왔으므로 that절의 동사는 「(should) 동사원형」이어야 한다.

해석 그녀는 세계의 모든 지점에 있는 모든 관리자들이 비용 절감 방침을 시행해야 한다고 명령했다.

어휘 ▮ implement 시행하다
▮ cost-cutting 비용 절감의

정답 (a)

08

Doctors advise that healthy adults also _____ a flu vaccine every year.

(a) should get
(b) be gotten
(c) will get
(d) have gotten

08

해설 충고를 의미하는 advise 동사 목적어에 '당위성' 내용을 담고 있는 that절이 왔으므로 (should) 동사원형이 정답이다.

해석 의사들은 건강한 성인들도 매년 독감 예방 접종을 해야 한다고 충고한다.

정답 (a)

09

I told him that he _____ report the loss to the credit card company to have his card blocked so no one could use it.

(a) can
(b) must
(c) might
(d) will

09

해설 문맥상 남이 카드를 쓰지 못하도록 카드회사에 알려야 한다는 내용이 올바르므로 의무를 표현할 때 쓰는 must가 가장 적절하다.

해석 나는 아무도 그것을 쓰지 못하도록 그가 그의 카드를 차단시키기 위해 신용카드 회사에 손실을 보고해야 한다고 말했다.

어휘 ▮ block 막다, 차단하다

정답 (b)

10

The experiment is so dangerous that the researchers _____ wear their gloves and masks while handling the chemicals.

(a) might

(b) can

(c) would

(d) must

10

해설 문맥상 안전 장비를 써야 한다는 내용이 적절하며 의무를 나타내는 조동사 must가 가장 적절하다.

해석 그 실험은 아주 위험해서 연구원들은 화학 제품을 다룰 때 장갑과 마스크를 착용해야 한다.

어휘 ▌chemical 화학의, 화학 물질

정답 (d)

Exercise

1 The ABC Corporation changed its name to Worldwide Industries, Inc. to show its stronger presence in the world market. The CEO ordered that the change in business name _____ to the public soon.

(a) be announced
(b) was announced
(c) will be announced
(d) to be announced

2 Kanul is quite sure that he aced his algebra test. He studied hard for it. That's why he _____ solve the equations so easily when he took the test this morning.

(a) shall
(b) would
(c) might
(d) could

3 Since teachers are role models for students, the principal requires that they all _____ appropriately for school. This will make it easier to make students wear the proper dress code.

(a) will dress
(b) are dressing
(c) dressed
(d) dress

4 Restaurants and bars in the bay area were hit the hardest by the storm surge. The health department is strongly recommending that the restaurants _____ operations until the flood subsides.

(a) suspend
(b) suspended
(c) will suspend
(d) to suspend

5 Being a marine biology student, Harry is fascinated by seahorses, and reads everything about them. One interesting fact he learned is that seahorses _____ suck up food from as far as three centimeters away.

(a) shall
(b) should
(c) may
(d) can

6 Reports show that US fire departments responded to more than 300,000 home structure fires in 2017. In order to avoid this kind of accident, fire officials suggest that residents _____ all fire hazards from their homes.

(a) will remove
(b) are removing
(c) to remove
(d) remove

7 Andrew asked Professor Jackson for two more days to complete his research paper. Having already given him an extension, the professor insisted that Andrew _____ his paper on the final deadline.

(a) submits
(b) submit
(c) is submitting
(d) has submitted

8 The Angel Foundation will be holding its first charity party next Monday. It is a formal event, so the organizers request that guests _____ in formal attire.

(a) will come
(b) are coming
(c) come
(d) came

9 Mrs. Vivian is very strict in implementing company rules. She orders that her staff _____ from making personal phone calls during office hours. Anyone who violates this rule will be penalized accordingly.

(a) refrain
(b) will refrain
(c) has refrained
(d) is refraining

10 Martin really wants to get her money's worth. Yesterday, when he saw that the salad he ordered at a fast food joint had a piece of plastic, he demanded that they _____ his money.

(a) refund
(b) would refund
(c) were refunding
(d) to refund

11 It is easier to get copies of music or movies nowadays than ever before. One doesn't have to go to the record bar or video shop because MP3's and videos _____ be downloaded from the internet.

(a) will
(b) can
(c) might
(d) must

12 The Giant Tigers will be playing against the Brave Warriors in this season's playoffs. Eager to win the championship, the coach urged that the team _____ its very best during the games.

(a) are exerting
(b) have exerted
(c) exert
(d) exerts

01
정답 (a)

해설 명령 동사 order가 오고 목적어에 '당위성' 내용을 표현하는 that절이 왔으므로 that절의 동사는 동사원형이 와야 한다.

해석 ABC 회사는 세계 시장에 더 강한 존재감을 보여주기 위해 Worldwide Industries로 이름을 바꿨다. 최고 경영자는 사업 이름의 변화가 곧 대중에게 발표되어야 한다고 명령했다.

presence 있음, 존재(함), 참석

02
정답 (d)

해설 문맥상 공부를 열심히 해서 시험을 잘 풀수 있었다는 내용이 자연스러우므로 '능력, 가능'을 표현하는 조동사 could가 가장 적절하다.

해석 Kanul은 그가 대수학 시험에서 A학점을 받았다고 아주 확신한다. 그는 그것을 위해 열심히 공부했다. 그것이 그가 오늘 아침에 시험 칠 때 아주 쉽게 방정식을 풀 수 있었던 이유이다.

algebra 대수학
ace …에서 A평점을 받다; 완패시키다, 능가하다
equation 등식, 방정식

03
정답 (d)

해설 요구동사 require가 오고 목적어에 '당위성' 내용을 표현하는 that절이 왔으므로 that절의 동사는 동사원형이 와야 한다.

해석 선생님들이 학생들의 롤 모델이기 때문에 교장은 그들 모두 학교에 적합한 옷을 입어야 한다고 요구한다. 이것은 학생들이 적절한 복장 규정의 옷을 입는 것을 쉽게 만들 것이다.

principal 교장, 총장, 학장, 주요한, 주된
appropriately 적절히

04
정답 (a)

해설 제안 동사 recommend가 오고 목적어에 '당위성' 내용을 표현하는 that절이 왔으므로 that절의 동사는 동사원형이 와야 한다.

해석 만 주변 지역의 식당과 술집은 폭풍 해일을 가장 심하게 맞았다. 보건국은 식당이 홍수가 가라앉을 때까지 운영을 중단해야 한다고 강력하게 권고한다.

bay 만, 후미, 내포
storm surge 폭풍 해일
subside 가라앉다, 진정되다, 빠지다, 내려앉다
suspend 매달다, 중단하다, 연기하다

05
정답 (d)

해설 문맥상 해마가 거리가 떨어져 있는 음식도 빨아 먹을 수 있다는 능력을 표현하는 것이 가장 자연스럽다.

해석 해양 생물학 학생이 됨으로써 Harry는 해마에 매료되었으며 그들에 대한 모든 것을 읽는다. 그가 배운 하나의 재미있는 사실은 해마가 3cm만큼 떨어진 음식을 빨아 먹을 수 있다는 것이다.

marine biology 해양 생물학
seahorse 해마
suck 빨아 먹다

06
정답 (d)

해설 제안동사 suggest의 목적어 자리에 '당위성'을 표현하는 that절이 왔으므로 that절 동사는 동사원형이 들어가야 한다.

해석 보고서는 미국의 소방국이 2017년에 300000 이상의 집 건축물 화재에 응답했다는 것을 보여준다. 이러한 종류의 사고를 피하기 위해 소방관들은 거주자가 그들의 집으로부터 모든 화재 위험 요소들을 제거할 것을 제안한다.

hazard 위험(요소)

07 정답 (b)

해설 주장 동사 suggest의 목적어 자리에 '당위성'을 표현하는 that절이 왔으므로 that절 동사는 동사원형이 들어가야 한다.

해석 Andrew는 Jackson 교수에게 그의 연구 보고서를 완성하기 위해 2일을 더 요구했다. 이미 그에게 연장이 주어졌기 때문에 교수는 Andrew가 마감 날에 보고서를 제출해야 한다고 주장했다.

extension 확대, 연장

08 정답 (c)

해설 명령/동의/제안/주장/요구/충고 동사 다음에 목적어 자리에 '당위성'을 나타내는 내용이 that절로 나오면 that절의 시제는 「(should) + 동사원형」이 되어야 한다.

해석 Angel 재단은 다음주 월요일에 첫 자선 파티를 열 것이다. 이것은 공식적 이벤트라서 주최자들은 하객들이 격식을 차린 복장을 입어야 한다고 요구했다.

attire 의복, 복장

09 정답 (a)

해설 명령 동사 order의 목적어에 that절이 오고 '당위성'을 나타내므로 that절의 동사는 동사원형을 써야 한다.

해석 Vivian은 회사 규칙을 실행하는 것에 아주 엄격하다. 그녀는 그녀의 직원들이 근무 시간에 개인적인 전화를 하는 것을 삼가야 한다고 명령한다. 이 규칙을 어기는 사람은 누구나 그에 따라 처벌 받을 것이다.

penalize 처벌하다, 벌칙을 과하다

10 정답 (a)

해설 요구동사 demand의 목적어 자리에 that절이 왔고 당위성을 나타내고 있다. that절의 동사는 「동사원형」 또는 「(should) 동사원형」이 되어야 한다.

해석 Martin은 정말로 그가 지불한 만큼의 대가를 얻기 바란다. 어제 그가 패스트푸드 점에서 주문한 샐러드에서 플라스틱 조각이 나온 것을 봤을 때, 그는 그들이 그의 돈을 환불해야 한다고 요구했다.

get one's money's worth 지불한 만큼의 대가를 얻다

11 정답 (b)

해설 문맥상 '가능'을 나타내는 조동사 can이 들어가야 가장 적절하다.

해석 요즘에는 이전보다 음악이나 영화의 복사본을 얻기 쉽다. MP3와 비디오가 인터넷에서 다운로드 되기 때문에 사람들은 음반사나 비디오 가게에 갈 필요가 없다.

12 정답 (c)

해설 주장/촉구를 나타내는 동사 urge의 목적어 자리에 '당위성'을 표현하는 that절이 왔다. that절의 동사는 동사원형이 되어야 한다.

해석 Giant Tiger는 시즌 오프에서 Brave Warrior를 상대로 경기할 것이다. 결승전에서 이기기 바랐기 때문에 코치는 팀이 경기 동안 가장 잘 발휘하도록 촉구했다.

win the championship 결승전에서 이기다
eager 간절히 바라는, 열렬한, 열심인, ~하고 싶어하는
exert 쓰다, 행사하다, 노력하다, 발휘하다

동명사

동명사는 '명사'이므로 문장에서 주어, 목적어, 보어 자리에 쓰일 수 있다. 지텔프 시험에서는 주로 문두에 오는 명사자리에 들어가는 경우나 3형식 타동사의 목적어로 동명사를 선택해야 하는 문제를 묻는다.

- <u>Watching comedy shows</u> **is** my favorite activity. 코미디 쇼를 보는 것은 내가 가장 좋아하는 활동이다.
  ↳ 주어자리에 동명사가 쓰였다.

- I **consider** <u>buying a new camera</u>. 나는 새 카메라 사는 것을 고려하고 있다.
  ↳ consider의 목적어 자리에 동명사가 왔다.

- **One of her habits is** <u>biting her nails</u>. 그녀의 습관들 중 하나는 손톱을 물어뜯는 것이다.
  ↳ be 동사의 보어 자리에 동명사가 올 수 있다.

① 〈G-TELP 취향저격〉 주어 자리가 비었을 경우 동명사가 정답이다.

> 주어 자리가 빈칸으로 나왔을 때, 보기에 동명사와 to 부정사가 함께 있다면 동명사가 정답!
> - **Eating breakfast is good for your health.** 아침을 먹는 것은 너의 건강에 좋다.
> - **Listening to music is my hobby.** 음악을 듣는 것은 나의 취미이다.

② 〈G-TELP 취향저격〉 동명사를 목적어로 취하는 3형식 타동사

> - I finished **writing** the novel. 나는 소설 쓰는 것을 끝마쳤다.
> - She suggested **staying** there another day. 그녀는 거기에서 하루 더 머물 것을 제안했다.
> - He disliked **being** away from his family. 그는 그의 가족과 떨어지는 것을 좋아하지 않았다.

enjoy ~ing	~하는 것을 즐기다	risk ~ing	~하는 위험을 무릅쓰다
finish ~ing	~하는 것을 끝내다	stop ~ing	~하는 것을 멈추다
avoid ~ing	~하는 것을 피하다	delay ~ing	~하는 것을 미루다/연기하다
recommend ~ing	~하는 것을 권고하다	suggest ~ing	~하는 것을 제안하다
consider ~ing	~하는 것을 고려하다	mind ~ing	~하는 것을 꺼리다

③ 〈G-TELP 취향저격〉 Stop!은 조심할 것

> * stop + 동명사 : ~하는 것을 멈추다. (목적어)
> * stop + to 부정사 : ~하기 위해 멈추다. (to 부정사의 부사적 용법)
>
> - He stopped smoking three years ago. 그는 3년 전에 담배 피는 것을 그만뒀다. (=금연했다.)
> - She stopped to take a rest under a tree. 그녀는 나무 아래에서 쉬기 위해 멈췄다.

④ 〈G-TELP 취향저격〉 의미변화가 있는 동사

> to 부정사와 동명사를 둘 다 목적어로 가지지만 의미가 달라지는 동사
> * remember / forget + 동명사 : ~한 일을 기억하다/ ~한 일을 잊다 (완료)
> * remember / forget + to 부정사 : ~할 일을 기억하다/ ~할 일을 잊다 (예정)
>
> - I remember to watch the movie with him. 나는 그와 함께 영화 볼 것을 기억한다. (예정)
> - I remember watching the movie with him. 나는 그와 함께 영화 본 것을 기억한다. (완료)
> - Don't forget to attend the meeting. 모임에 참석할 것을 잊지 마세요. (예정)
> - I will never forget seeing her at the party. 나는 파티에서 그녀를 만난 것을 잊지 못할 것이다. (완료)

⑤ 〈G-TELP 취향저격〉 동명사를 활용한 빈출표현

go ~ing	~하러 가다
- We go fishing on weekends. 우리는 주말마다 낚시하러 간다.	
be busy (in) ~ing	~하느라 바쁘다
- I am busy taking care of my nephew. 나는 조카를 돌보느라 바쁘다.	
on/upon ~ing	~하자마자
- On arriving, she started to read articles. 도착하자마자, 그녀는 기사들을 읽기 시작했다.	
keep (on) ~ing	~하기를 계속하다
- We keep playing the guitar after work. 우리는 퇴근 후에 기타 연주를 계속한다.	
look forward to ~ing	~하기를 학수고대하다. (=~하기를 기대하다)
- He is looking forward to meeting you. 그는 너를 만나는 것을 학수고대하고 있다.	
feel like ~ing	~하고 싶다
- I don't feel like watching the movie now. 나는 지금 영화를 보고 싶지 않다.	
be devoted to ~ing	~하는데 헌신하다
- Her life was devoted to helping the poor. 그녀의 인생은 가난한 사람들을 돕는데 바쳐졌다.	
object to ~ing	~하는데 반대하다
- They objected to inviting him to the party. 그들은 그를 파티에 초대하는 것에 반대했다.	

01

_____ menus to accommodate the desires of patrons is an important part of ensuring their satisfaction.

(a) Update

(b) Updated

(c) Updating

(d) Updates

02

To catch up with market trends, the company already has begun _____ a new line of tablet computers.

(a) producing

(b) to be produced

(c) produces

(d) product

03

It is advisable not to use too many illustrations in a presentation to avoid _____ people.

(a) distracting

(b) distract

(c) to distract

(d) distraction

01

해설 주어 자리가 빈칸이므로 동명사가 들어가야 한다.

해석 고객의 바람에 부응하기 위해 메뉴를 업데이트 하는 것은 그들의 만족을 확실하게 하는 중요한 부분이다.

어휘 ▮ patron 보호자, 후원자, 지지자, 단골손님, 고객
▮ accommodate 공간을 제공하다, 수용하다, 부응하다
▮ ensure 안전하게 하다, 지키다, 확실하게 하다, 보증하다

정답 (c)

02

해설 begin은 목적어 자리에 to 부정사나 동명사를 의미차이 없이 가질 수 있다. 보기 중에 동명사만 있으므로 (a)가 정답이다. (b)의 to 부정사는 수동태의 형태로 나왔는데, 빈칸 뒤에 a new line of tablet computers라고 목적어가 있으므로 올바르지 않다.

해석 시장 동향을 따라가기 위해 회사는 이미 태블릿 컴퓨터의 새로운 생산 라인을 만들기 시작했다.

어휘 ▮ catch up with 따라가다, 따라잡다, 체포하다

정답 (a)

03

해설 빈칸 앞에 동사가 avoid이므로 동명사가 목적어로 들어가야 한다.

해석 발표 시 사람들의 주의가 산만해지지 않도록 하려면 너무 많은 삽화를 사용하지 않는 것을 권장한다.

정답 (a)

04

Please remember _____ your signature at the bottom of the order form.

(a) to include

(b) including

(c) to be included

(d) having included

04

해설 빈칸은 remember의 목적어 자리이다. remember는 목적어로 동명사와 to 부정사를 모두 목적어로 취하지만 '완료'된 일에 대해서는 동명사, '예정'된 일에 대해서는 to 부정사를 쓴다. 문맥상 '미래에 서명할 것을 기억하라'는 뜻이 되므로 to 부정사가 적절하다.

해석 주문서 맨 아래에 서명하는 것을 잊지 마세요.

정답 (a)

05

Currently, the most essential task is to finish _____ the new corporate logo since no new publications can be printed without it.

(a) to design

(b) designing

(c) to be designed

(d) having designed

05

해설 finish는 동명사만을 목적어로 가지는 3형식 타동사이다.

해석 현재 가장 필수적 작업은 새로운 출판물이 로고 없이는 인쇄될 수 없기 때문에 새로운 회사 로고를 디자인하는 것을 끝내는 것이다.

어휘 publication 출판, 발행, 출판물

정답 (b)

06

The sales manager spends considerable time _____ his team members and new employees.

(a) training

(b) to be trained

(c) trains

(d) to train

06

해설 「spend + 시간/돈 + ~ing」 구문은 '~ing하는데 시간/돈을 쓰다'는 표현이다.

해석 판매 관리자들은 팀 구성원과 새로운 직원을 훈련시키는 것에 상당한 시간을 쓴다.

어휘 considerable 상당한, 많은

정답 (a)

Check-up

07

To avoid _____ your audience during your presentation, please do not use complex layouts.

(a) distraction
(b) to distract
(c) distracting
(d) having distracted

08

The Empire Theatre box office will stop _____ tickets fifteen minutes before the beginning of the show.

(a) is selling
(b) selling
(c) sold
(d) was sold

09

_____ us of an increase in workload made it possible for us to hire additional staff.

(a) Warned
(b) Warn
(c) Warns
(d) Warning

07

해설 avoid는 목적어 자리에 동명사만을 취하는 3형식 타동사이다.

해석 당신이 프레젠테이션 할 동안 청중을 산만하게 하는 것을 피하기 위해 복잡한 배치를 사용하지 마십시오.

어휘 ▮ distract 집중이 안 되게 하다, 산만하게 하다, 주의를 딴 데로 돌리다
▮ layout 배치, 지면 배정

정답 (c)

08

해설 stop는 목적어 자리에 동명사만을 가진다. 단, stop은 1형식 동사로도 쓰이기 때문에 stop 뒤에 to 부정사가 오는 경우에는 '~하기 위해서 멈추다'로 해석을 해야 한다. 문맥상 '~하는 것을 멈추다'인지 '~하기 위해서 멈추다'인지를 반드시 확인해야 한다.

해석 Empire Theatre 매표소는 공연이 시작하기 15분 전에 티켓 판매를 중지할 것이다.

정답 (b)

09

해설 주어 자리가 빈칸이므로 동명사가 주어로 들어가야 적절하다.

해석 작업량이 증가한다고 우리에게 경고하는 것은 우리가 추가 직원을 고용하는 것을 가능하게 한다.

정답 (d)

10

Ms. Pieraccini had nearly finished _____ the budget report when she noticed an error in the title page.

(a) edit
(b) to edit
(c) editing
(d) to be edited

10

해설 빈칸은 finish의 목적어 역할을 하면서 빈칸 뒤 the budget report라는 목적어를 취하고 있다. finish는 목적어로 동명사만을 취하므로 editing이 적절하다.

해석 Pieraccini씨는 표지에 오류가 있다는 것을 발견했을 때, 예산 보고서를 거의 다 편집했었다.

정답 (c)

Exercise

1 Bill sells cars for a living. He likes to work with people and is interested in cars. _____ cars is fun for Bill.

(a) Sells
(b) Having sold
(c) Selling
(d) Sell

2 Mattew has left for the supermarket. I told him to buy meat and wine, but I forget about the ingredients for the salad. I should have also mentioned _____ some cheese and vegetables.

(a) getting
(b) to get
(c) to be getting
(d) having gotten

3 When the warring factions reached an agreement on a ceasefire, both sides cele-brated the event. Obviously, they considered _____ progress.

(a) to make
(b) made
(c) makes
(d) making

4 Breakfast is the most important meal of the day. _____ breakfast gives us many benefits such as maintaining a stable blood sugar level and achieving a healthy weight.

(a) To be had
(b) Having had
(c) To have
(d) Having

5 My brother is not very active. He sits at home each evening and devotes most of his time to _____ TV.

(a) having watched
(b) watches
(c) watched
(d) watching

6 Steve eats too much candy and never brushes his teeth. His dentist is worried about his _____ so many sweets.

(a) eating
(b) ate
(c) to eat
(d) having eaten

Exercise

7 To keep in shape, William goes to the gym regularly and engages in various sports. He has also stopped _____; a habit that used to make him tired easily during physical activities.

(a) to smoke
(b) smoking
(C) having smoked
(d) to be smoking

8 Jimmy works at a restaurant where he makes all of the desserts. He loves _____ cakes and pies for his customers.

(a) baking
(b) bakes
(c) baked
(d) bake

9 Eddie sleeps eight hours each night. If he sleeps less than eight hours, he wakes up tired. _____ eight hours makes Eddie feel good in the morning.

(a) Sleeping
(b) Sleep
(c) Sleeps
(d) To be slept

10 Mr. Kim is planning to buy a secondhand car to save money. However, he might spend a lot for the car's repair because of its poor condition. Perhaps he should consider _____ a new one instead.

(a) having bought
(b) to be buying
(c) to buy
(d) buying

---

01   정답 (c)

해설 주어 자리가 빈칸이므로 동명사가 들어가야 한다.

해석 Bill은 생계를 위해 차를 판다. 그는 사람들과 일하는 것을 좋아하고 차에 관심이 있다. 차를 파는 것은 Bill에게 흥미가 있는 것이다.

---

02   정답 (a)

해설 동사 mention은 목적어로 동명사만을 취한다. getting 이 정답이다.

해석 Mattew는 슈퍼마켓으로 떠났다. 나는 그에게 고기와 와인을 사오라고 말했으나 샐러드 재료에 대해서 말하는 것을 잊었다. 약간의 치즈와 야채를 사오라고 말했어야 했는데.

ingredient 재료, 성분

---

03   정답 (d)

해설 consider은 목적어 자리에 동명사만을 목적어로 가지는 3형식 타동사이다.

해석 서로 교전 중인 파벌이 휴전 협정에 도달했을 때, 양 진영은 이 일을 축하했다. 명백히 그들은 진보하는 것을 고려했다.

faction 파벌, 당파
ceasefire 휴전, 정전
progress 전진, 진행, 진보, 경과, 과정

---

04   정답 (d)

해설 주어 자리가 빈칸이므로 동명사가 들어가야 한다.

해석 아침밥은 하루의 가장 중요한 식사이다. 아침을 먹는 것은 안정적인 혈당 수치를 유지시켜주고 건강한 몸무게를 이루는 것과 같은 많은 이점을 준다.

stable 안정된, 차분한

---

05   정답 (d)

해설 「devote + 목적어 + to ~ing」의 구문으로 '목적어가 ~ing하는데 시간을 쓰다/헌신하다'로 해석한다. 수동태의 형태로 나오면 「be devoted to ~ing」구문이 된다.

해석 나의 남동생은 아주 활동적이지 않다. 그는 매일 저녁에 집에 앉아 있으며 그의 대부분의 시간을 TV보는데 쓴다.

devote 바치다, 쏟다, 기울이다, 충당하다

---

06   정답 (a)

해설 전치사 about의 목적어 자리이므로 동명사가 들어가야 한다. 빈칸 앞에 쓰인 his는 소유격 인칭대명사이며 동명사의 의미상 주어를 나타낸다. 동명사의 의미상 주어는 동명사를 실제적으로 하는 주체라고 생각하고 해석하면 된다.

해석 Steve는 사탕을 너무 많이 먹고 이를 닦지 않는다. 그의 치과 의사는 그가 단 것을 너무 많이 먹는 것에 대해 걱정한다.

---

07   정답 (b)

해설 stop은 '~하는 것을 멈추다'는 뜻으로 3형식 타동사로 쓰이면 목적어 자리에 동명사만을 써야 한다. 1형식 동사로 쓰이는 경우 '~하기 위해서 멈추다'로 해석하므로 반드시 문맥을 통해 자동사로 쓰인 것인지 타동사로 쓰인 것인지 확인해야 한다.

해석 좋은 형태를 유지하기 위해 William은 정기적으로 체육관에 가서 다양한 운동에 몰두한다. 그는 또한 신체 활동할 동안 그를 쉽게 피곤하게 만들었던 습관인 담배를 끊었다.

keep in shape 형태를 유지하다
engage in 몰두하다

08
정답 (a)

해설 love는 목적어 자리에 to 부정사와 동명사를 모두 의미차이 없이 쓸 수 있다. 보기에는 동명사만이 있으므로 (a)가 정답이다.

해석 Jimmy는 그가 모든 디저트를 만드는 식당에서 일한다. 그는 고객들을 위해 케이크와 파이를 굽는 것을 좋아한다.

09
정답 (a)

해설 주어 자리가 빈칸이므로 동명사가 들어가야 한다.

해석 Eddie는 매일 밤에 8시간을 잔다. 그가 8시간 이하로 잠을 잔다면 그는 피곤한 상태로 일어난다. 8시간을 자는 것은 Eddie가 아침에 기분 좋게 만든다.

10
정답 (d)

해설 consider는 동명사만을 목적어로 취하는 타동사이다.

해석 Kim씨는 돈을 아끼기 위해 중고차를 살 계획이다. 그러나 그는 차의 안 좋은 상태 때문에 차 수리에 많은 돈을 써야 할 것이다. 아마도 그는 대신에 새 차를 살 것을 고려해야 한다.

secondhand 간접의, 전해들은, 중고의

한 권에 끝내는 **지텔프 32점**

To 부정사

「to 부정사 + 동사원형」을 to 부정사라고 부르는데, 문장에 쓰이는 위치나 역할에 따라서 명사적 용법, 형용사적 용법, 부사적 용법으로 나뉜다.

명사적 용법으로 쓰이는 경우 목적어 자리와 목적 보어 자리에 쓰이는 경우를 지텔프에서 문제로 묻는다.

① 〈G-TELP 취향저격〉 to 부정사를 목적어로 취하는 3형식 타동사

- **They** want to pass **the exam.** 그들은 시험에 합격하기를 원한다.
- **I** would like to apply **for Harvard University.** 나는 하버드 대학에 지원하고 싶다.
- **She** intends to visit **Paris this summer.** 그녀는 이번 여름에 파리를 방문할 의도이다.

want to V	~하는 것을 원하다	plan to V	~하는 것을 계획하다
would like to V	~하기를 원하다	help to V	~하는 것을 돕다
need to V	~할 필요가 있다	decide to V	~하는 것을 결정하다
hope to V	~하는 것을 희망하다	promise to V	~하는 것을 약속하다
intend to V	~하는 것을 의도하다	fail to V	~하는 것을 실패하다
tend to V	~하는 경향이 있다	refuse to V	~하는 것을 거부하다

② 〈G-TELP 취향저격〉 5형식 동사 뒤 목적보어 자리를 묻는다.

- **I** told him to do **it immediately.** 나는 그에게 그것을 즉시 하라고 말했다.
- **A doctor** advised him to stop **smoking.** 한 의사가 그에게 금연할 것을 충고했다.

want + 목적어 + to V	목적어가 ~하는 것을 원하다
tell + 목적어 + to V	목적어가 ~하도록 말하다
ask + 목적어 + to V	목적어가 ~하는 것을 요청하다
allow + 목적어 + to V	목적어가 ~하는 것을 허락하다
enable + 목적어 + to V	목적어가 ~하는 것을 가능하게 하다
expect + 목적어 + to V	목적어가 ~하는 것을 예상하다/기대하다

G-TELP 취향저격

동사와 빈칸 사이에 부사가 아닌 것이 있으면 목적어일 가능성이 크다. 그런 경우 동명사가 아니라 To 부정사를 선택하자. 목적어에 해당하는 것은 주로 사람 이름이나 인칭대명사의 목적격이 나온다. (예 me, you, him, her, us, them)

③ to 부정사의 형용사 용법

to 부정사가 형용사로 쓰이면 명사 뒤에 쓰여서 그 명사를 수식할 수 있다. (후치 수식) 해석은 '~할, ~하는, ~한'으로 하면 된다.

- I have **something** to tell you. 나는 너에게 말할 것이 있다.

- We don't want to do **anything** to hurt his feelings. 우리는 그의 감정을 다치게 할 어떤 일도 하기를 원치 않는다.

④ to 부정사의 부사적 용법

- 형용사를 뒤에서 수식한다.
The rule is not easy to remember. 그 규칙은 기억하기 쉽지 않다.

- '목적'을 의미하는 것으로 해석은 '~하기 위해서'로 해석한다. 지텔프 시험에서 to 부정사의 부사적 용법으로 묻는 문제에서는 가장 출제가 높다. 목적의 의미를 표현하는 경우 「in order to + 동사원형」으로 바꿔 쓸 수 있다.
We went to the station to see Marry off. 우리는 Marry를 배웅하기 위해 역에 갔다.
I study English hard to get a good job. 나는 좋은 직장을 얻기 위해서 열심히 영어 공부를 한다.

- 감정의 원인을 나타내는 어휘와 함께 쓰여서 '~하게 되어서 ... 하다'의 용법으로도 쓰인다.
I was happy to meet my favorite actor. 내가 가장 좋아하는 배우를 만나게 되어서 행복했다.

- 판단의 근거를 나타내는 경우 '~하는 것을 보니 ...하다'로 해석하면 된다.
You must be proud to see your sister succeed. 네 여동생이 성공하는 것을 보니 너는 자랑스러움에 틀림없겠다.

01

The construction company wants _____ costs by moving to a less expensive location.

(a) reduction
(b) to reduce
(c) reducing
(d) reduces

해설 want는 to 부정사만을 목적어로 취하는 타동사이다.
해석 건축 회사는 덜 비싼 장소로 옮김으로써 비용을 줄이기 원한다.
정답 (b)

02

TPG Financial Planning welcomes the opportunity _____ you in your business and looks forward to a mutually beneficial relationship.

(a) assisting
(b) has assisted
(c) assistant
(d) to assist

해설 명사 opportunity를 후치 수식하는 to 부정사(형용사 용법)이 들어가야 올바르다. to 부정사가 형용사 용법으로 쓰여 명사를 수식하는 경우 '~할/ ~하는/ ~한'으로 해석하면 된다.
해석 TPG Financial Planning은 당신의 사업을 위해 당신을 도울 기회를 기꺼이 받아들이며 상호적으로 유익한 관계를 기대한다.
어휘 beneficial 유익한, 이로운
정답 (d)

03

The delegates from India are likely _____ our plant to see the manufacturing process.

(a) visitor
(b) to be visited
(c) to visit
(d) visiting

해설 「be likely to V」는 '~할 가능성이 높다'는 관용표현이다.
해석 인도의 대표자는 제조 공정을 보기 위해 우리 공장을 방문할 것 같다.
어휘 delegate 대표, 대표자
be likely to ~할 것 같다
정답 (c)

04

_____ the processing of your claim, include your customer identification number on all correspondence.

(a) To expedite
(b) To be expedited
(C) To expediting
(d) Expediting

해설 콤마 앞까지는 문장의 필수 성분이 아닌 부사가 들어가야 한다. 문맥의 해석상으로도 '~하기 위해서'가 자연스러우므로 to 부정사의 부사적 용법이 가장 적절하다.

해석 당신의 요구를 더 신속하게 처리하기 위해 모든 서신에 고객 식별 번호를 포함하라.

어휘 ▌expedite 더 신속히 처리하다
▌identification 신원 확인, 신분 증명, 식별
▌correspondence 서신, 관련성

정답 (a)

05

If you require additional information about our products, please do not hesitate _____ the customer service department.

(a) contact
(b) to contact
(c) contacting
(d) having contacted

해설 hesitate의 목적어 자리이므로 to 부정사가 들어가야 올바르다.

해석 우리의 제품에 대해 부가적 정보를 원한다면, 고객 서비스 부서에 연락하는 것을 주저하지 마세요.

정답 (b)

06

Due to a dramatic increase in its student population, the director of Filmont School has decided _____ ten additional teachers for the upcoming school year.

(a) to hire
(b) hiring
(c) to be hired
(d) being hired

해설 decide는 to 부정사만을 목적어로 취하는 타동사이다.

해석 학생 인구가 극적으로 증가했기 때문에 Filmont 학교 교장은 다가오는 학년을 위해 10명의 추가적인 선생님을 고용하기로 결정했다.

어휘 ▌upcoming 다가오는, 곧 있을

정답 (a)

07

If you are not able _____ the annual shareholders' meeting, you can send your proxy with authorization.

(a) attending
(b) to attend
(c) to be attended
(d) being attended

08

Apart from Ms. Wattanasin, everyone on the team needed additional time _____ the Web design tutorial.

(a) complete
(b) has completed
(c) completing
(d) to complete

09

_____ ensure that they can handle customer complaints effectively, all sales representatives must complete a rigorous training program.

(a) In regard to
(b) In order to
(c) For
(d) Because

07

해설 「be able to V」는 '~할 수 있다'는 관용표현이다.

해석 당신이 연간 주주 총회에 참석할 수 없다면 당신은 허가를 받고 대리인을 보낼 수 있다.

어휘 ▌proxy 대리인
▌authorization 허가

정답 (b)

08

해설 문맥상 빈칸은 명사 time을 수식하는 to 부정사가 들어가야 적절하다. 「time to 부정사」는 '~할 시간'으로 해석하면 된다.

해석 Wattanasin씨와는 별도로 그 팀의 모든 사람들은 그 웹 디자인 교본을 완성할 추가 시간이 필요했다.

어휘 ▌tutorial 개별 지도 시간, 사용 지침서

정답 (d)

09

해설 문장의 주어는 all sales representatives, 동사는 must complete, 목적어는 training program으로 완벽한 문장이다. 빈칸부터 콤마까지는 부사가 들어가야 하며 문맥상 '목적'을 나타내면서 동사원형을 취할 수 있는 「in order to 부정사」가 가장 적절하다.

해석 고객 불만을 효과적으로 처리할 수 있도록, 모든 영업 사원들은 엄격한 교육 프로그램을 마쳐야 한다.

어휘 ▌rigorous 철저한, 엄격한
▌representative 대표, 대리인, 외판원

정답 (b)

10

To handle the increase in sales, the human resources department plans _____ a number of new employees.

(a) recruited

(b) recruitment

(c) recruiting

(d) to recruit

10

해설 빈칸 바로 앞에 온 동사 plan은 목적어로 to부정사를 취한다.

해석 늘어난 매출을 처리하기 위해 인사부는 많은 신입 사원을 채용할 계획이다.

어휘 ▮ recruit 모집하다, 뽑다

정답 (d)

Exercise

1 Sally lost her smartphone in school yesterday. She kept it in her locker while she attended gym class. She is now going to the principal's office _____ what happened.

(a) having reported
(b) to be reported
(c) to report
(d) reporting

2 Mr. Harris has been working for Aquaville Enterprises as long as I can remember. He started as a clerk before being promoted to senior accountant eventually. He plans _____ when he turns sixty next year.

(a) having retired
(b) to be retired
(c) to retire
(d) retiring

3 Angela hopes to have a grand party when she turns fifteen. It has always been her wish _____ her fifteenth birthday wearing an elegant dress while dancing gracefully with a handsome boy.

(a) to celebrate
(b) celebrating
(c) to have celebrated
(d) having celebrated

4 Mother was quite touched after she received the card we made for her on Mother's day. She was moved that we decided _____ a personalized card for her instead of just buying one from a store.

(a) having made
(b) to be making
(c) making
(d) to make

5 Bella refused her friend's invitation to hang out in their favorite restaurant. She still has a research paper _____, and is going straight to the library after class to work on it.

(a) write
(b) written
(c) to write
(d) to be writing

6 Already in her third year in college, Juliet still can't decide what to do after graduation. She should stop _____ from one major to another if she wants to graduate and get a job soon.

(a) to transfer
(b) transferring
(c) having transferred
(d) to be transferring

Exercise

7 It is unfortunate that many talented but inexperienced filmmakers at Disney Films are not given more directorial projects. Because only a few get the chance _____ their own film, many people are frustrated.

(a) to be making
(b) having made
(c) to make
(d) making

8 I will miss my best friend Sophie. She will study Chinese in Beijing this Fall and will stay there for more than a year. I told her _____ me an email as soon as she arrives there.

(a) to send
(b) sending
(c) having sent
(d) to have sent

9 Watson cannot play for the college football team this year. The doctor advised him _____ the team after he broke his left ankle during the final game.

(a) to be quitting
(b) having to quit
(c) quitting
(d) to quit

10 Mr. Smith has been so busy working at company. When he had relatives and friends at his new apartment for a house warming party, he decided _____ to a restaurant to have dinner instead of cooking himself.

(a) to go
(b) going
(c) to have gone
(d) having gone

01
정답 (c)

해설 go는 1형식 자동사이므로 문장에서 더 이상 필요한 품사가 없다. 또한 「전치사 to + 장소명사」를 써서 가는 방향을 나타내고 있다. 문장에서 부사가 들어갈 수 있으며 문맥상 목적을 나타내는 것이 가장 자연스럽다. To 부정사를 써서 목적을 나타낼 수 있다.

해석 Sally는 어제 그녀의 스마트폰을 학교에서 잃어버렸다. 그녀가 체육 수업을 듣는 동안 지갑을 락커에 보관했었다. 그녀는 무슨 일이 일어났는지를 보고하기 위해 지금 교장실로 가는 중이다.

02
정답 (c)

해설 plan은 타동사로서 목적어 자리에 to 부정사만을 쓴다.

해석 Harris는 내가 기억하는 만큼 오랫동안 Aquaville Enterprises에서 일했다. 그는 상급 회계사로 마침내 승진하기 전에 사원으로 시작했다. 그는 내년에 60살이 될 때 은퇴할 계획이다.

03
정답 (a)

해설 It이 가주어로 쓰였다. 빈칸은 진주어 자리이므로 to 부정사가 올바르다.

해석 Angela는 그녀가 15세가 될 때 성대한 파티를 하는 것을 희망한다. 우아한 옷을 입고 잘생긴 소년과 춤을 우아하게 추면서 자신의 15세 생일을 축하하는 것은 항상 그녀의 소망이다.

04
정답 (d)

해설 decide는 목적어 자리에 to 부정사만을 가진다.

해석 엄마는 어머니의 날에 우리가 그녀를 위해 만든 카드를 받고 나서 아주 감동 받았다. 우리가 가게에서 카드를 사는 대신 개인 카드를 만들기로 결심한 것에 그녀는 감동받았다.

personalize 표시를 하다, 개인의 필요에 맞추다, 개인화 하다

05
정답 (c)

해설 명사 paper를 후치 수식하는 to 부정사가 들어가야 적절하다. to 부정사의 형용사 용법은 '~할/ ~하는/ ~한'으로 해석하면 된다.

해석 Bella는 가장 좋아하는 식당에서 즐거운 시간을 보내자는 그녀 친구들의 초대를 거절했다. 그녀는 아직 써야 할 연구 보고서가 있으며 그것을 작업하기 위해 수업 끝나고 도서관으로 곧장 갈 것이다.

hang out (많은) 시간을 보내다, 어울려 놀다

06
정답 (b)

해설 문맥상 '전공을 바꾸는 것을 멈추다'가 되어야 자연스럽다. stop의 목적어 자리이므로 동명사가 들어가야 한다. stop은 자동사로 쓰이면 to 부정사와 함께 쓰여서 '~하기 위해서 멈추다'가 되므로 반드시 문맥상 해석을 통해서 찾아야 한다.

해석 벌써 대학 3학년인데 Juliet은 졸업 후에 무엇을 할지 아직 결정하지 못한다. 그녀는 졸업하고 바로 직장을 얻고 싶다면 한 전공에서 다른 전공으로 옮기는 것을 멈춰야 한다.

07
정답 (c)

해설 명사 chance를 후치 수식하는 to 부정사가 들어가야 한다. '그들 자신의 영화를 만들 기회'로 해석하는 것이 올바르다.

해석 디즈니 영화사에 많은 재능 있지만 경험 부족한 영화 제작자들이 더 많은 감독의 일을 받지 않는다는 것은 안타까운 일이다. 단지 소수가 그들의 영화를 만들 기회를 얻기 때문에 많은 사람들은 좌절한다.

directorial 감독의

08
정답 (a)

해설 tell의 목적보어 자리가 빈칸으로 나왔다. tell은 5형식에 쓰이면 목적보어로 to 부정사를 쓴다. 해석은 '목적어에게 to 부정사 할 것을 말하다'로 하거나 '목적어가 to 부정사 하도록 말하다'로 하면 된다.

해석 나는 가장 친한 친구인 Sophie를 그리워할 것이다. 그녀는 이번 가을에 베이징에서 중국어를 공부할 것이고 거기서 1년 이상 머무를 것이다. 나는 그녀가 거기 도착하자마자 나에게 이메일을 보내달라고 말했다.

09
정답 (d)

해설 5형식 타동사 advise의 목적보어 자리가 빈칸으로 나왔다. advise는 목적보어 자리에 to 부정사를 쓰는 동사이다.

해석 Watson은 이번 해에 대학 축구팀에서 경기할 수 없다. 그가 결승전에서 왼쪽 발목이 부러지고 나서 의사는 그에게 팀을 중단하라고 충고했다.

ankel 발목

10
정답 (a)

해설 decide는 to 부정사를 목적어로 취하는 3형식 타동사이다. 동사 바로 뒤가 빈칸으로 나왔으므로 to 부정사가 들어가는 것이 올바르다.

해석 Smith는 회사에서 일하는 데 너무 바빴다. 집들이 때문에 그의 새 아파트에 친척들과 친구들이 있었을 때 그는 직접 요리하는 것 대신에 저녁을 먹으러 식당에 가기로 결심했다.

한 권에 끝내는 **지텔프 32점**

연결어

접속사 & 전치사 & 접속부사

Unit
06 연결어-접속사 & 전치사 & 접속부사

1 | 부사절 접속사

부사절 접속사는 문장에서 부사 역할을 하며 '접속사 + 주어 + 동사'의 형태가 일반적이다. 부사절은 생략되어도 전체 문장에 영향을 미치지 않으며 시간, 양보, 이유, 조건, 목적, 결과 등의 의미를 지닌다.

❶ 시간을 나타내는 부사절 접속사

when / as ~할 때	before ~전에	after ~후에	while ~동안
since ~이래로	until ~할 때까지	as soon as ~하자마자	

- When the meal was finished, Ray washed up and made coffee.
  식사가 끝났을 때 Ray는 설거지를 하고 커피를 준비했다.

❷ 조건을 나타내는 부사절 접속사

if / provided (that) / providing (that) / on conditions (that) 만약 ~라면
unless / if not 만약 ~이 아니라면   as long as / as far as ~하는 한
once 일단 ~하면   considering (that) 고려하면   given (that) ~을 고려할 때

- If you go to one of the agencies, you can probably find a temporary job.
  그 대행사들 중 한 곳에 가면, 아마 임시 고용직을 구할 수 있을 것이다.

❸ 이유를 나타내는 부사절 접속사

because / as / since ~ 때문에   now that ~이므로   in that ~라는 점에서

- Since they're at an early stage in planning, they would like to conduct the survey.
  아직은 기획 초기 단계이므로 그들은 설문 조사를 실시하고자 한다.

❹ 양보를 나타내는 부사절 접속사

> although / though / even if / even though 비록 ~일 지라도, ~에도 불구하고
> while / whereas ~인 반면에, 한편

- Although the number of books he owned in total is simply unknown, an episode about his passion for books is well-known.

  그가 소유한 책의 전체 수는 전혀 알려지지 않았지만, 책에 대한 그의 열정에 관한 에피소드는 잘 알려져 있다.

❺ 목적을 나타내는 부사절 접속사

> so that + S + can + V 누가 ~할 수 있도록
> in order that + S + may + V 누가 ~하기 위하여

- Jason Moore prefers to communicate with clients so that he can hear real voices from them.

  제이슨 무어 씨는 고객들의 생생한 의견을 듣기 위해 고객들과 대화하는 것을 좋아한다.
- Ms. Han shortened her speech in order that she may have time to answer questions.

  한 씨는 질문에 대답할 시간이 있도록 연설을 줄였다.

❻ 결과를 나타내는 부사절 접속사

> so + 형용사/부사 + that 매우 ~해서... 하다
> such + a(n) + 형용사 + 명사 + that 매우 A한 B라서 ~하다

- The road was so slippery that it had to be closed to traffic.

  길이 매우 미끄러워서 교통이 통제되었다.
- He made such a long speech that we were all tired.

  그가 연설을 너무 길게 해서 우리는 모두 지쳤다.

2 | 부사절 접속사와 전치사 구별

전치사 뒤에는 명사가 와서 구를 이루고, 접속사 뒤에는 '주어 + 동사'가 와서 절을 이룬다.

접속사	의미	전치사
when / as ~할 때	시간	at / on / in ~에
while ~하는 동안		during / for ~동안
until ~할 때까지		by / until ~까지
as soon as ~하자마자		on / upon ~ing ~하자마자
before ~전에		before / prior to ~전에
after ~후에		after / following ~후에
because / as / since ~때문에	이유	because of / due to / owing to / on account of ~ 때문에
although / though / even if / even though 비록 ~일지라도	양보	despite / in spite of 비록 ~일지라도
unless 만약 ~이 아니라면 in case (that) ~에 대비하여	조건	without / but for ~이 없다면 in case of / in the event of ~에 대비하여
so that / in order that ~하기 위하여	목적	for the purpose of ~의 목적으로

Despite the extended free time, people of both France and Germany are very productive when they work.
= Although they have the extended free time, people of both France and Germany are very productive when they work.
늘어난 자유시간에도 불구하고, 프랑스와 독일 사람들은 모두 일을 할 때 매우 생산적이다.

3 | 접속부사

※ 접속부사는 절과 절을 연결할 수도 없고, 명사(구)를 데리고 올 수도 없다. 부사로 쓰여서 의미를 연결해준다. 문맥상 적절한 접속부사를 선택하면 된다.

- She is very rich. <u>In fact</u>, she is one of the richest women in the world.
  그녀는 매우 부유하다. 사실상, 그녀는 전 세계에서 가장 부유한 여성들 중 한 명이다.
- George is lazy. His brother, <u>however</u>, is diligent. Geroge는 게으르다. 그러나 그의 형은 부지런하다.

※ 접속부사 however는 상대적으로 문장 내에서 자유롭게 위치한다.

[의미별로 정리한 접속부사]

> **[접속부사]**
>
> 역접) however 그러나   nevertheless / nonetheless 그럼에도 불구하고
>
> 인과) therefore 그러므로   consequently 결과적으로
>
> 첨언) besides 게다가   moreover / furthermore 더욱이
>
> 가정) otherwise 그렇지 않으면   unless otherwise + 과거분사 달리 ~되지 않으면
>
> 기타) then 그리고 나서   meanwhile 한편, 그러는 사이

01

The younger staff look up to Ms. Itoh _____ her years of experience in the field of multimedia and graphic design.

(a) because of
(b) because
(c) while
(d) now that

02

_____ he arrives at the airport in the next ten minutes, Mr. Santini is going to have to take a later flight.

(a) While
(b) Unless
(c) Despite
(d) However

03

_____ many people want to attend the awards ceremony on Friday, extra buses will be made available to the public.

(a) Until
(b) As soon as
(c) Since
(d) During

01

해설 빈칸 뒤에 her years of experience라는 명사구가 왔으므로 빈칸에는 전치사가 들어가야 한다.

해석 젊은 직원들은 Itoh씨를 존경하는데, 이는 멀티미디어와 그래픽 디자인 분야에서 다년간의 경험을 그녀가 가지고 있기 때문이다.

어휘 ▌ look up to ⓥ 존경하다.
▌ field ⓝ 분야, 들판

정답 (a)

02

해설 빈칸 뒤에 절이 왔으므로 빈칸에는 접속사가 들어가야 한다. 문맥상 '만약 ~하지 않다면'이 가장 자연스러우므로 Unless가 적절하다.

해석 만약 Santini씨가 10분 내에 공항에 도착하지 않으면, 더 늦은 비행기를 타야 할 것이다.

정답 (b)

03

해설 빈칸 뒤에 절이 왔으므로 접속사가 들어가야 한다. 의미상 '~이기 때문에'라는 이유를 표현하는 접속사가 적절하다.

해석 많은 사람들이 금요일에 있을 시상식에 참석하고 싶어하기 때문에 대중들이 이용할 수 있도록 임시 버스들이 제공될 것이다.

정답 (c)

04

Construction will begin on the new water park _____ all city permits are authorized.

(a) in case of
(b) so
(c) due to
(d) as soon as

해설 빈칸 뒤에 절이 있으므로 부사절 접속사가 들어가야 하며 주절의 시제가 미래이므로 시간 부사절 접속사가 현재시제를 써서 미래를 표현할 수 있다. 시간 부사절 접속사 as soon as가 가장 적절하다.

해석 모든 시 허가들이 인정되는 대로 새로운 수상 공원의 건설 공사가 시작될 것이다.

정답 (d)

05

The convenience store around the corner is always open twenty four hours a day, _____ it is a national holiday.

(a) even if
(b) whether
(c) regarding
(d) because

해설 절을 이끌 수 있는 접속사가 들어가야 하며 문맥상 '~에도 불구하고'라는 양보 부사절 접속사가 적절하다.

해석 모퉁이에 있는 편의점은 국경일이라 하더라도 하루 24시간 내내 영업한다.

정답 (a)

06

The East Lanali Public Library will be closed _____ the heating system is renovated.

(a) however
(b) during
(c) while
(d) along

해설 빈칸 뒤에 절이 있으므로 부사절 접속사가 가장 적절하다. 보기 중에서 접속사 기능을 할 수 있는 것은 (c) while 밖에 없다.

해석 공공 도서관 East Lanali는 난방 시스템이 보수되는 동안 문을 닫을 것이다.

어휘 renovate ⓥ 개조하다, 보수하다

정답 (c)

07

Your personal information will not be released to any third party _____ we have your written permission to do so.

(a) until
(b) by
(c) then
(d) who

08

The Pentular desk cannot be shipped _____ a purchase order is signed by the department manager.

(a) despite
(b) unless
(c) nevertheless
(d) without

09

Many of the short stories submitted for the contest had to be rejected _____ the authors did not follow submission guidelines.

(a) because
(b) unless
(c) anyway
(d) therefore

07

해설 빈칸은 완벽한 두 개의 절을 연결하는 부사절 접속사가 들어가야 올바른 자리이다. 보기에서 부사절 접속사는 until밖에 없다.

해석 당신의 개인 정보는 그렇게 하겠다는 당신의 서면 동의가 있기 전까지는 제 3자에게 공개되지 않을 것이다.

어휘 ▌release ⓥ
1. 풀어주다, 석방하다
2. 발산하다
3. 풀어주다
4. 공개하다
▌permission ⓝ 허락, 허가

정답 (a)

08

해설 두 개의 완벽한 절을 연결하는 자리이므로 부사절 접속사가 들어가야 한다. 부사절 접속사는 unless밖에 없다.

해석 Pentular desk는 구매 주문이 부서 매니저의 서명 없이 운송될 수 없다.

정답 (b)

09

해설 두 개의 완벽한 절을 연결하는 부사절 접속사가 들어가야 할 자리이다. because와 unless가 부사절 접속사로 빈칸에 들어갈 수 있다. 문맥상 거절된 이유가 들어가는 것이 자연스러우므로 (a)가 정답이다.

해석 대회에 제출된 다수의 짧은 이야기는 작가가 제출 지침을 따르지 않아서 거절당했다.

정답 (a)

10

Alicia Torres will be taking over as vice president of operations _____ Brad Di Marco retires next month.

(a) soon

(b) after

(c) even if

(d) in order to

10

해설 빈칸에는 완벽한 절 두 개를 연결할 수 있는 부사절 접속사가 들어가야 한다. after와 even if 중에서 문맥상 자연스러운 것은 after이다. 시간 부사절에서는 현재시제가 미래를 표현하므로 after 절에서 retires가 현재시제로 쓰인 것도 적절하다.

해석 Alicia Torres는 Brad Di Marco가 다음 달에 사임하고 나서 영업부사장으로서 인계받을 것이다.

어휘 ▮ take over ⓥ 인계받다

정답 (b)

Exercise

1 The movie had a boring plot and poor cinematography. The characters were un-interesting, and the story lacked twists. _____, I really don't like the movie.

(a) For instance
(b) In other words
(c) However
(d) Besides

2 Professor Chen doesn't like it when students don't pass his exams. _____ giving surprise quizzes, he announces tests ahead of schedule so the students can prepare.

(a) Even if
(b) Instead of
(c) Besides
(d) Despite

3 The affordable hybrid car everybody has been waiting for is finally here. _____, its price won't be as low as originally advertised because the company spent a lot more on production than they had planned.

(a) Therefore
(b) However
(c) So that
(d) Owing to

4 Logan was rushed to the health care room. He accidentally burned his fingers while doing a chemistry experiment. He wasn't allowed to remove the bandage _____ the nurse told him to.

(a) until
(b) so
(c) when
(d) if

5 Ms. Brown has decided to apply for American Bank's new savings plan. The bank is offering high interest rates. _____, the first one hundred customers will receive a free electric toaster.

(a) However
(b) Nevertheless
(c) Moreover
(d) Therefore

6 After proving to his father that his grades had really improved, Martin was allowed to play computer games again. However, he could only play _____ he had already finished his assignments.

(a) what
(b) whether
(c) provided that
(d) regardless of

7 Some organizations help the poor by teaching them how to start and manage a small business. These organizations have already helped several people to become a business owner _____ donating equipment like computers and kitchen appliances.

(a) although
(b) in spite of
(c) therefore
(d) instead of

8 The number of customers who use online shopping is rising dramatically. More and more buyers resort to internet shopping _____ the prices of goods are relatively cheaper.

(a) after
(b) due to
(c) whatever
(d) because

9 The weather bureau recording indicates there's only a 20 percent chance of rain tomorrow. _____ the weather conditions are good, the football game won't be delayed.

(a) After
(b) As
(c) Therefore
(d) So

10 Tommy Parker is one of the most famous architects in the city because of his excellent credentials. _____ many of the high-rise buildings that can be seen throughout the city are his designs.

(a) On the contrary
(b) In fact
(c) However
(d) Besides

11 The multinational company was actively seeking management trainees _____ it had just expanded operations in Asia and needed more staff.

(a) before
(b) when
(c) so
(d) because

12 Robert doesn't have many close friends and many people don't like him. _____, he is one of the famous artists because of his wonderful talent in composing songs and playing the guitar.

(a) Nonetheless
(b) Although
(c) In addition
(d) Whether

13 According to a study conducted by the International Prevention Center for Disease, over 40 million people worldwide have AIDS. _____ several breakthroughs in their research, scientists haven't yet found a cure for the disease.

(a) Though
(b) Nonetheless
(c) In spite of
(d) Even if

14 The Public Library wants to build another building to accommodate more people, and asked its finance department to adjust its budget. Although their request was granted, actual construction won't start _____ the end of the year.

(a) until
(b) after
(c) despite
(d) so

15 Results from the National Education Asse—ssment Organization showed that more than 40 percent of the students failed English. _____ the Organization's efforts to improve the education system, these results are definitely substandard.

(a) As long as
(b) Despite
(c) Although
(d) Regardless of

01
정답 (b)

해설 문맥상 앞서 나온 내용의 재진술임을 알 수 있다. In other words는 '다시 말해서 (=즉)'을 뜻하는 표현으로 앞서 나온 내용을 다시 언급할 때 쓰는 연결어이다.

해석 영화는 지루한 줄거리와 안 좋은 촬영 기술을 가지고 있었다. 등장인물들은 재미없고 내용은 전환이 부족했다. 다시 말하면, 나는 정말로 그 영화를 좋아하지 않는다.

cinematography ⓝ 영화 촬영기술, 영화예술

02
정답 (b)

해설 빈칸 뒤에 동명사가 있으므로 전치사가 들어가야 한다. 또한 문맥상 학생들에게 시험을 준비할 수 있도록 공지를 했다는 내용과 어울리기 위해서는 '갑작스러운 퀴즈를 내는 대신에'가 가장 적절하다.

해석 Chen 교수는 학생들이 시험을 통과하지 못했을 때 그것을 싫어한다. 갑작스러운 퀴즈를 내는 것 대신에 학생들이 준비할 수 있도록 예정보다 먼저 시험을 알린다.

ahead of schedule 예정보다 먼저

03
정답 (b)

해설 문맥상 사람들이 기다려 온 차가 드디어 출시되었지만 가격이 예상보다 비싸다는 부정적인 이야기가 나오므로 역접을 표현하는 연결어 however가 가장 적절하다.

해석 모든 사람들이 기다려온 가격이 적당한 하이브리드 차가 마침내 여기 있다. 하지만 회사가 그들이 계획했던 것보다 생산에 더 많이 돈을 썼기 때문에 차의 가격이 원래 광고 되었던 것만큼 싸지는 않을 것이다.

affordable ⓐ 줄 수 있는; 입수 가능한, 〈가격이〉 알맞은

04
정답 (a)

해설 문맥상 '간호사가 제거하라고 말할 때까지'가 가장 적절하므로 until이 들어가야 한다.

해석 Logan은 보건실로 달려갔다. 그는 실수로 화학 실험을 할 때 그의 손가락에 화상을 입었다. 그는 간호사가 그에게 제거하라고 말할 때까지 붕대를 제거하는 것이 허락되지 않았다.

05
정답 (c)

해설 빈칸 앞에 높은 이자를 준다는 긍정의 이야기가 언급되어 있다. 빈칸 뒤에도 추가적인 혜택이 나오므로 첨가를 표현하는 연결어가 자연스럽다. moreover는 '게다가'를 뜻하는 접속부사이다.

해석 Brown씨는 American Bank의 새로운 저축 제도에 지원하기로 결정했다. 그 은행은 높은 이자율을 제공하고 있다. 게다가 처음 100명의 고객은 무료 전자 토스터를 받을 것이다.

06
정답 (c)

해설 그가 숙제를 끝낸 경우에만 게임을 할 수 있다는 내용이 문맥상 자연스럽다. provided that은 조건 부사절 접속사로 '~인 경우'의 뜻을 나타낸다.

해석 그의 성적이 정말로 향상되었다는 것을 아버지에게 증명하고 나서 Martin은 다시 컴퓨터 게임을 하는 것이 허락되었다. 그러나 그는 이미 그의 숙제를 끝냈어야만 게임을 할 수 있었다.

07
정답 (d)

해설 빈칸 뒤에 동명사가 있으므로 전치사가 들어가야 한다. in spite of는 '~에도 불구하고'라는 뜻을 나타내는 전치사이고 instead of는 '~대신에'라는 뜻을 나타내는 전치사이다. 문맥상 instead of가 적절하다.

해석 어떤 조직들은 작은 사업을 시작하고 경영하는 방법을 가난한 사람들에게 가르침으로써 그들을 돕는다. 이 조직들은 컴퓨터와 부엌의 가전제품 같은 기계들을 기부하는 것 대신에 사람들이 사업 소유주가 되도록 이미 돕고 있었다.

appliance ⓝ 1. 기구, 장치, 설비, 전기 제품 2. 적용, 응용

08
정답 (d)

해설 빈칸은 완벽한 절 두 개가 왔으므로 부사절 접속사가 들어가야 한다. 문맥상 온라인 쇼핑을 더 많이 하는 이유가 들어가야 적절하다.

해석 온라인 쇼핑을 이용하는 고객들의 수가 기하급수적으로 증가하고 있다. 점점 더 많은 구매자들이 인터넷 쇼핑에 의존하고 있는데 그 이유는 상품들의 가격이 상대적으로 더 저렴하기 때문이다.

resort to ~에 의존하다

09
정답 (c)

해설 완벽한 절을 연결하는 부사절 접속사가 들어가야 올바르다. 문맥상 이유를 표현하는 as가 가장 적절하다. 부사절 접속사 as는 '~할 때/ ~이기 때문에 / ~함에 따라서/ ~에도 불구하고' 등 다양한 뜻을 가지고 있다.

해석 기상국 관측은 내일 비가 올 확률이 20 퍼센트라고 예측한다. 날씨의 상태가 좋기 때문에 축구 경기는 지연되지 않을 것이다.

bureau ⓝ 국, 사무소, 사무국
indicate ⓥ 나타내다, 내비치다

10
정답 (b)

해설 문맥상 첫 문장에서 Tommy Parker가 가장 유명한 건축가들 중 한 명이라는 내용이 나오고 빈칸 뒤에서 구체적인 이야기가 나온다. 앞선 나온 내용의 재진술이라고 볼 수 있다. In fact는 '사실상'이란 뜻으로 앞선 내용과 같은 이야기를 할 때 쓸 수 있는 연결어이다.

해석 Tommy Parker는 그의 훌륭한 자격 때문에 그 도시에서 가장 유명한 건축가들 중 한명이다. 사실 이 도시에서 볼 수 있는 높이 올라간 빌딩들은 그의 디자인이다.

11
정답 (d)

해설 직원들을 더 많이 뽑고 있었는데 그 이유에 해당하는 내용이 빈칸 뒤에 나온다. 그러므로 이유를 나타내는 부정사 because가 자연스럽다.

해석 다국적 기업은 그것이 아시아에서 영업을 막 확장시키고 더 많은 직원을 필요로 하기 때문에 적극적으로 운영 수습 직원을 찾고 있었다.

trainee ⓝ 교육을 받는 사람, 수습 (직원)
management ⓝ 경영, 운영, 관리

12
정답 (a)

해설 문맥상 '그럼에도 불구하고'를 나타내는 nonetheless가 가장 자연스럽다. although는 접속사이므로 절과 절을 연결해야 하는데, 주어진 문장에서는 절이 하나 밖에 없으므로 올바르지 않다.

해석 Robert는 가까운 친구들이 많지 않고 많은 사람들이 그를 좋아하지 않는다. 그럼에도 불구하고 그는 노래를 작곡하고 기타 연주하는 탁월한 재능 때문에 가장 유명한 예술가들 중 하나이다.

13
정답 (c)

해설 문맥상 '~에도 불구하고'가 가장 자연스럽다. 빈칸 뒤에는 명사 breakthroughs가 왔으므로 전치사가 쓰여야 한다. none– theless는 접속부사라서 명사를 데리고 올 수 없고, though와 even if는 접속사이므로 절과 절을 연결해야 한다.

해석 International Prevention Center for Disease에서 수행된 연구에 따르면 세계적으로 4000만 명 이상이 에이즈를

앓고 있다. 그들의 조사에서 몇몇 돌파구에도 불구하고 과학자들은 아직 질병의 치료법을 발견하지 못했다.

breakthrough ⓝ 돌파구

14   정답 (a)

해설 빈칸 뒤에는 명사가 왔으므로 전치사가 쓰여야 한다. 전치사로 쓰일 수 있는 것은 until, after, despite로 3개이지만 문맥상 '~까지'가 들어가야 하므로 until이 적절하다.

해석 공공 도서관은 더 많은 사람들을 수용할 다른 빌딩을 짓는 것을 원하며 재무 부서에 예산을 조정할 것을 요구했다. 그들의 요청이 승인되었음에도 불구하고 실제 공사는 연말까지 시작되지 않을 것이다.

accommodate ⓥ 1. 공간을 제공하다, 수용하다
                    2. 충분한 공간을 제공하다
                    3. (의견 등을) 수용하다
grant ⓥ 승인하다, 인정하다

15   정답 (b)

해설 빈칸 뒤에는 명사가 있으므로 전치사가 쓰여야 올바르다. 또한 regardless of는 '~와는 상관없이'라는 뜻의 전치사이다. 문맥상 '~에도 불구하고'를 표현하는 despite가 적절하다. Although는 '~에도 불구하고'라는 뜻을 가지고 있지만 접속사이고, As long as는 '~하는 한'을 뜻하는 조건 부사절 접속사이다.

해석 National Education Assessment Organization로부터의 결과는 40 퍼센트 이상의 학생들이 영어에 실패했다는 것을 보여주었다. 교육 시스템의 향상을 위한 조직의 노력에도 불구하고 이 결과는 분명히 수준 이하이다.

substandard ⓐ 수준 이하의, 조야한, 열악한

한 권에 끝내는 **지텔프 32점**

G-TELP

문법 복습

이현아 취향저격 G-TELP 32점

1 시제

1 She _____ hurriedly when she realized it was a public holiday.

(a) would dress
(b) has dressed
(c) dressed
(d) was dressing

2 Right now, he _____ the inauguration of Japan's newly elected prime minister in Tokyo.

(a) is covering
(b) was covering
(c) will be covering
(d) had been covering

3 Arten Publishing _____ her to their main office next week to undergo a month-long training.

(a) was sending
(b) had sent
(c) has been sending
(d) will be sending

4 Revenues were also weak in Boston, New York, and Chicago, but _____ in New York.

(a) would have improved
(b) will be improving
(c) were improving
(d) has improved

5 She _____ when her parents arrived.

(a) was still cooking
(b) still cooked
(c) is still cooking
(d) will still cook

6 Right now, UNICEF workers _____ food rations to the affected communities.

(a) distribute
(b) has been distributing
(c) have distributed
(d) are distributing

7 When the internship is completed, the supervisor _____ submit an evaluation of the intern's performance to the human resource department.

(a) may
(b) could
(c) will
(d) can

8 Apparently, he _____ coffee under the tree when he saw an apple falling from a tree.

(a) was drinking
(b) will be drinking
(c) is drinking
(d) will have been drinking

9 While she _____ her study, her audience was very attentive.

(a) will have been presenting
(b) had been presenting
(c) will be presenting
(d) was presenting

10 She _____ a dinner for them at her house when they arrive.

(a) will be hosting
(b) have been hosting
(c) would host
(d) had hosted

11 Hailey Shaw _____ Newbridge University 36 years ago, making her the longest-serving member of the faculty.

(a) is joining
(b) has been joined
(c) already joined
(d) having joined

12 The accounting director _____ the budget report before it was sent for approval last Friday.

(a) will revise
(b) revised
(c) has just revised
(d) to be revised

13 The airport shuttle _____ every hour from the hotel's front entrance.

(a) departs
(b) has been departing
(c) is departed
(d) departing

14 Dr. Lamas _____ his speech when the electricity unexpectedly went out for a few moments.

(a) was delivering
(b) delivers
(c) will deliver
(d) has delivered

15 PIC Computers, which has manufactured personal computers since 2005, _____ into other areas next year.

(a) have expanded
(b) expanded
(c) expands
(d) will be expanded

16 He _____ the restaurant for seven years when the economic depression forced him to close it down.

(a) is running
(b) will be running
(c) has ran
(d) had been running

17 That is why she _____ me to go with her to watch the premiere of Shocking Comedy show since last week.

(a) has been asking
(b) will ask
(c) asked
(d) can ask

18 Her friend told her that they _____ for half an hour already and would just call her later.

(a) will wait
(b) can wait
(c) are waiting
(d) had been waiting

19 For the last four years, master craftsmen _____ its intricate wood carvings.

(a) are carefully restoring
(b) will carefully restore
(c) have been carefully restoring
(d) carefully restored

20 He _____ for the American Bank for almost ten years now.

(a) had been working
(b) was working
(c) will have been working
(d) has been working

21 I'm sure that by this time tomorrow she _____ her friends about how Trisha dumped Kanul.

(a) has told
(b) will have been telling
(c) has been telling
(d) could have told

22 They _____ the alligators for more than fifteen years by the time they finish their research in 2025.

(a) are studying
(b) will have been studying
(c) had been studying
(d) were studying

23 Aiden's architectural firm _____ impressive buildings in the US for 35 years now.

(a) will design
(b) designs
(c) has been designing
(d) had been designing

24 To save money, he _____ for interesting books at bargain bookstores for years before he discovered the website.

(a) had been looking
(b) was looking
(c) looks
(d) looked

25 He was hired as museum curator by an experimental art museum and _____ as its co-director for several months now.

(a) would be working
(b) was working
(c) has been working
(d) had been worked

26 Since last months's employee training, staff productivity _____ much more than expected.

(a) improving
(b) improves
(c) has improved
(d) to be improved

27 Dr. Suzuki arrived for the awards ceremony on time even though her train _____ twenty minutes late.

(a) is leaving
(b) will leave
(c) to leave
(d) had left

28 At the end of next month, executive chef Tracy Nakagawa _____ the kitchen at the Hokulea Cafe for ten years.

(a) has supervised
(b) will have supervised
(c) had been supervising
(d) is supervising

29 The August shipment _____ from Busan and is waiting in the receiving dock.

(a) arrives
(b) has just arrived
(c) should have arrived
(d) will be arriving

30 We _____ ten inquiries since the advertisement ran in last week's edition of the newspaper.

(a) will be receiving
(b) had received
(c) have received
(d) to have received

정답   24 (a)   25 (c)   26 (c)   27 (d)   28 (b)   29 (b)   30 (c)

2 가정법

31 If our ancestors had not learned how to build the house, we _____ living in caves.

(a) would have continued
(b) would be continuing
(c) continued
(d) had continued

32 If the bus had been full, she _____ to walk in the rain.

(a) will be forced
(b) was being forced
(c) was forced
(d) would have been forced

33 If he had not been busy, he _____ on the couch watching movies all day long.

(a) will be sitting
(b) would have sat
(c) sits
(d) is sitting

34 If it _____, she would have bought the smartphone right away.

(a) is cheaper
(b) had been cheaper
(c) was cheaper
(d) would be cheaper

35 I'm sure that if she had a pony at home, she _____ it every day.

(a) would ride
(b) is riding
(c) will ride
(d) rides

36 If they had more time to prepare, they _____ more people.

(a) would invite
(b) have invited
(c) will invite
(d) are inviting

37 He now thinks that if he had not gone to the men's room, he _____ it.

(a) will not lose
(b) cannot be losing
(c) would not have lost
(d) had not lost

31 (a)　32 (d)　33 (b)　34 (b)　35 (a)　36 (a)　37 (c)　정답

38 If only his trip had been longer, he _____ his aunt in Virginia.

(a) would visit
(b) visited
(c) is visiting
(d) would have visited

39 Its manager says that the team would truly succeed if only it _____ a bigger fan base and a few more sponsorships.

(a) is generating
(b) will generate
(c) generated
(d) generates

40 If the older generation had failed to pass the skill and wisdom to their children, their means of livelihood _____ up to this day.

(a) hasn't been lasting
(b) wouldn't last
(c) is not lasting
(d) hadn't lasted

41 _____ anyone need assistance during the seminar, please come to the reception desk.

(a) Will
(b) Had
(c) Should
(d) If

42 If we had purchased the tickets early, we _____ enjoying the game now.

(a) would be
(b) are
(c) have been
(d) will be

43 If we had found the errors in the financial report, we _____ them prior to submission for approval.

(a) will correct
(b) would correct
(c) corrected
(d) could have corrected

44 If the computer malfunction had not been reported so quickly, we _____ the necessary support.

(a) would not have received
(b) cannot receive
(c) will receive
(d) has received

45 We _____ in securing funds only if Dr. Wellington had led our research from the beginning.

(a) will succeed
(b) could have succeeded
(c) are succeeding
(d) had succeeded

3 조동사

46 Tommy recommends that she _____ to take part in the negotiation with the potential clients.

(a) be allowed
(b) is allowed
(c) will be allowed
(d) to be allowed

47 Mr. Frank insists that the company _____ a coffee business in China.

(a) starts
(b) be started
(c) start
(d) will start

48 Selina hasn't eaten anything since last night. She _____ be hungry.

(a) cannot
(b) must
(c) will
(d) shall

49 Although Yuna didn't have a plan to go to the beach, she _____ not resist buying beach dress displayed at a department store.

(a) could
(b) will
(c) shall
(d) must

50 The FDA requires that new medicines _____ all test government conduct before the Pharmaceutical companies approve them.

(a) are passing
(b) be passed
(c) pass
(d) can pass

51 His doctor told him it was necessary that he _____ a kidney surgery at once.

(a) has undergone
(b) undergo
(c) will undergo
(d) be undergone

52 She ordered that all managers _____ cost-cutting measures in all branches nationwide.

(a) implement
(b) implements
(c) will implement
(d) should have implemented

46 (a) 47 (c) 48 (b) 49 (a) 50 (c) 51 (b) 52 (a) 정답

53 Doctors advise that healthy adults also _____ a flu vaccine every year.

(a) should get
(b) be gotten
(c) will get
(d) have gotten

54 I told him that he _____ report the loss to the credit card company to have his card blocked so no one could use it.

(a) can
(b) must
(c) might
(d) will

55 The experiment is so dangerous that the researchers _____ wear their gloves and masks while handling the chemicals.

(a) might
(b) can
(c) would
(d) must

4 동명사

56 _____ menus to accommodate the desires of patrons is an important part of ensuring their satisfaction.

(a) Update
(b) Updated
(c) Updating
(d) Updates

57 To catch up with market trends, the company already has begun _____ a new line of tablet computers.

(a) producing
(b) to be produced
(c) produces
(d) product

58 It is advisable not to use too many illustrations in a presentation to avoid _____ people.

(a) distracting
(b) distract
(c) to distract
(d) distraction

59 Please remember _____ your signature at the bottom of the order form.

(a) to include
(b) including
(c) to be included
(d) having included

60 Currently, the most essential task is to finish _____ the new corporate logo since no new publications can be printed without it.

(a) to design
(b) designing
(c) to be designed
(d) having designed

61 The sales manager spends considerable time _____ his team members and new employees.

(a) training
(b) to be trained
(c) trains
(d) to train

62 To avoid _____ your audience during your presentation, please do not use complex layouts.

(a) distraction
(b) to distract
(c) distracting
(d) having distracted

63 The Empire Theatre box office will stop _____ tickets fifteen minutes before the beginning of the show.

(a) is selling
(b) selling
(c) sold
(d) was sold

64 _____ us of an increase in workload made it possible for us to hire additional staff.

(a) Warned
(b) Warn
(c) Warns
(d) Warning

65 Ms. Pieraccini had nearly finished _____ the budget report when she noticed an error in the title page.

(a) edit
(b) to edit
(c) editing
(d) to be edited

59 (a) 60 (b) 61 (a) 62 (c) 63 (b) 64 (d) 65 (c) 정답

5   To 부정사

66 The construction company wants _____ costs by moving to a less expensive location.

(a) reduction
(b) to reduce
(c) reducing
(d) reduces

67 TPG Financial Planning welcomes the opportunity _____ you in your business and looks forward to a mutually beneficial relationship.

(a) assisting
(b) has assisted
(c) assistant
(d) to assist

68 The delegates from India are likely _____ our plant to see the manufacturing process.

(a) visitor
(b) to be visited
(c) to visit
(d) visiting

69 _____ the processing of your claim, include your customer identification number on all correspondence.

(a) To expedite
(b) To be expedited
(C) To expediting
(d) Expediting

70 If you require additional information about our products, please do not hesitate _____ the customer service department.

(a) contact
(b) to contact
(c) contacting
(d) having contacted

71 Due to a dramatic increase in its student population, the director of Filmont School has decided _____ ten additional teachers for the upcoming school year.

(a) to hire
(b) hiring
(c) to be hired
(d) being hired

72 If you are not able _____ the annual shareholders' meeting, you can send your proxy with authorization.

(a) attending
(b) to attend
(c) to be attended
(d) being attended

정답 66 (b) 67 (d) 68 (c) 69 (a) 70 (b) 71 (a) 72 (b)

73 Apart from Ms. Wattanasin, everyone on the team needed additional time _____ the Web design tutorial.

(a) complete
(b) has completed
(c) completing
(d) to complete

74 _____ ensure that they can handle customer complaints effectively, all sales representatives must complete a rigorous training program.

(a) In regard to
(b) In order to
(c) For
(d) Because

75 To handle the increase in sales, the human resources department plans _____ a number of new employees.

(a) recruited
(b) recruitment
(c) recruiting
(d) to recruit

6 연결어(접속사&전치사&접속부사)

76 The younger staff look up to Ms. Itoh _____ her years of experience in the field of multimedia and graphic design.

(a) because of
(b) because
(c) while
(d) now that

77 _____ he arrives at the airport in the next ten minutes, Mr. Santini is going to have to take a later flight.

(a) While
(b) Unless
(c) Despite
(d) However

78 _____ many people want to attend the awards ceremony on Friday, extra buses will be made available to the public.

(a) Until
(b) As soon as
(c) Since
(d) During

79 Construction will begin on the new water park _____ all city permits are authorized.

(a) in case of
(b) so
(c) due to
(d) as soon as

80 The convenience store around the corner is always open twenty four hours a day, _____ it is a national holiday.

(a) even if
(b) whether
(c) regarding
(d) because

81 The East Lanali Public Library will be closed _____ the heating system is renovated.

(a) however
(b) during
(c) while
(d) along

82 Your personal information will not be released to any third party _____ we have your written permission to do so.

(a) until
(b) by
(c) then
(d) who

83 The Pentular desk cannot be shipped _____ a purchase order is signed by the department manager.

(a) despite
(b) unless
(c) nevertheless
(d) without

84 Many of the short stories submitted for the contest had to be rejected _____ the authors did not follow submission guidelines.

(a) because
(b) unless
(c) anyway
(d) therefore

85 Alicia Torres will be taking over as vice president of operations _____ Brad Di Marco retires next month.

(a) soon
(b) after
(c) even if
(d) in order to

정답 79 (d) 80 (a) 81 (c) 82 (a) 83 (b) 84 (a) 85 (b)

한 권에 끝내는 **지텔프 32점**

문법 모의고사

이현아 **취향저격 G-TELP 32**점

01. Last month, Acehire Inc. gave Ms. Mellisa almost a half of million dollars as her retirement package. She _____ at the company for over 30 years when she decided to leave.

(a) is working
(b) will have been working
(c) had been working
(d) should have worked

02. The Freedom Airline Company made the right choice in hiring Derek as a Sales Department Head. Now the number of passengers _____ because of his innovative marketing ideas and strategies.

(a) is increasing
(b) was increasing
(c) increases
(d) will increase

03. Our team went home with a heavy heart after losing the softball match against another team. We would have won if Luke _____ the ball during the last inning.

(a) has caught
(b) had caught
(c) had been caught
(d) is catching

04. Lithium easily explodes when it is exposed to air and water. _____ the danger, lithium has been used in batteries for powering portable computers for decades because it provides a lot of energy.

(a) In addition to
(b) Though
(c) Despite
(d) However

05. Ms. Yuri will have a hard time becoming an effective public speaker. In fact, I noticed many people falling asleep while she _____ a lecture at a business convention.

(a) has given
(b) had been giving
(c) will give
(d) was giving

06. A recent case of mad cow disease in Miami has sparked concern among local farmers and consumers. The US Department of Agriculture is intensifying its interlocking safeguard program _____ nearby herds from becoming infected.

(a) to prevent
(b) preventing
(c) having prevented
(d) to be prevented

07. Studies show that sweet potatoes are primarily made up of sugars and fiber, making them an ideal source of quick energy. Due to this, many people _____ sweet potatoes when they go on a diet.

(a) will eat
(b) eat
(c) had eaten
(d) have been eaten

08. Astronaut Jackson believes that there are many great discoveries waiting for us in the universe system. He suggests that every planet in the universe _____ thoroughly for new data.
(a) explode
(b) be exploded
(c) explodes
(d) has exploded

09. Competent women have often struggled to get a job. _____ Sophie graduated from law school with great honor, no law firm would hire since she was a woman.

(a) When
(b) So
(c) Because
(d) Though

10. You need _____ this package by priority mail if you want it to arrive in Chicago by Friday. If you sent it by regular mail, it wouldn't be delivered by then.

(a) sending
(b) having sent
(c) to send
(d) to be sent

11. Judy already earns a decent salary as an editor for a fashion magazine company. However, she is still looking for home-based jobs as an online instructor teaching writing skills so that she _____ save up for graduate school tuition fee.

(a) can
(b) might
(c) shall
(d) must

12. It's unfortunate that many talented and experienced producers at Disney Films are not given more directorial projects. Only a few can get the chance _____ their own film.

(a) making
(b) to be making
(c) to make
(d) having made

13. A lot of competent people fail to succeed at work because they have a hard time getting along with their coworkers. It is crucial that they _____ their social skills if they want to succeed at work.

(a) improving
(b) have improved
(c) would improve
(d) improve

14. The Bookworms Publisher has finally launched its new magazine. It had originally planned to launch the magazine last year, but had several problems. On Thursday, the publisher _____ a press conference to announce its launch.

(a) has been holding
(b) will have held
(c) is holding
(d) was holding

15. Jessie got into a car accident last Monday because she was putting on make-up while driving. She _____ at herself in the mirror when she suddenly bumped into a taxi.

(a) is busy looking
(b) busily looked
(c) was busy looking
(d) had been busy looking

16. Young cheetahs are instinctively shy so zookeepers sometimes raise them with active dogs. Interacting with them encourages young cheetahs _____ the dominant traits of dogs. This technique has helped cheetahs in captivity to breed properly.

(a) to copy
(b) copying
(c) having copied
(d) to be copied

17. Pablo Brown is one of the most famous architects in the history. _____ many of the buildings that can be seen throughout the city are his designs.

(a) In fact
(b) On the other hand
(c) However
(d) Besides

18. The restaurant is so cramped that one end of the table is blocking the refrigerator door. A person sitting there has to stand up and move the chair _____ people open the refrigerator.

(a) during
(b) though
(c) whenever
(d) whomever

19. Brian thinks that there's no opportunity to improve his skills in his current job because he does the same work every day. As he wants to earn more, he _____ accepting a job working abroad.

(a) reflects on
(b) is reflecting on
(c) had been reflecting on
(d) would have reflected on

20. Fred lost in the university student council elections owing to his unorganized policies. If only he _____ with other students regarding their concerns, he probably would have won the presidential seat.

(a) consulted
(b) was consulting
(c) had consulted
(d) has been consulting

21. Besides playing their sports, many professional athletes are also busy managing their own businesses. Most of them mention _____ when it comes to their hobbies.

(a) playing
(b) to play
(c) played
(d) is playing

22. The company's manager is reminding the employees that the quarterly reports will be submitted by this Friday. She insists that every department _____ its paper so its members can receive the corresponding incentives.

(a) submits
(b) submit
(c) be submitted
(d) will be submitted

23. Teresa's flight has been delayed because of foggy weather and it's good that I brought a book this morning. I will not get bored while waiting for her. By the time her plane arrives, I _____ here for more than 3 hours.

(a) sitting
(b) has been sitting
(c) will have been sitting
(d) could have sat

24. James was about to buy a used car but backed off because he was worried about the technical flaws. He is now considering _____ a new model, which is expensive but reliable.

(a) buying
(b) to buy
(c) having bought
(d) to be bought

25. The fireworkers were exhausted after spending two days rescuing people who were trapped in a collapsed building. They just wanted _____ home and take a rest.

(a) going
(b) to go
(c) to have gone
(d) having gone

26. I'd like you to go on a vacation with us. However, I agree that you should finish your annual report and follow us later. We _____ at the Comfortable Hotel near the Bondi Beach when you arrive.

(a) will stay
(b) have stayed
(c) are staying
(d) will be staying

G-TELP

정답과 해설

이현아 **취향저격 G-TELP 32**점

01 정답 (c)

해설 기간을 표현하는 'for 30 years'표현이 있으므로 완료 시제가 쓰여야 하고 when 시간부사절의 시제가 과거이므로 문맥상 과거완료시제가 가장 적절하다.

해석 저번 달에 Acehire 회사는 종합 은퇴 대책으로서 거의 50만 달러를 Mellisa에게 주었다. 그녀가 떠나기로 결심했을 때는 그녀가 30년 이상 일하는 시점이었다.

package 포장, 소포, 종합 대책

02 정답 (a)

해설 시간부사 'Now'가 있는 것으로 보아 현재시제가 적절하다. 보기에 현재시제가 (a)와 (c)로 두 가지가 있는데, 문맥상 현재의 상태 진행을 표현하는 현재진행이 더 적절하다. 현재시제는 반복적 습관이나 불변의 진리 등을 표현할 때 많이 쓴다. 보기에 현재진행시제가 없었다면 (c)도 정답이 될 수 있다. 〈지텔프 취향저격 정답 순위〉를 생각하자.

해석 Freedom Airline Company는 Derek을 판매부서 책임자로 고용하는데 올바른 선택을 했다. 현재 그의 혁신적 마케팅 아이디어와 전략 때문에 여행자의 수가 증가하고 있다.

03 정답 (b)

해설 If 가정법임을 알 수 있고 주절의 시제가 「조동사 과거형＋have p.p.」이므로 if절의 시제는 「had p.p.」가 되어야 한다.

해석 우리 팀은 다른 팀과의 소프트볼 경기에서 진 후에 무거운 마음으로 집에 갔다. Luke가 지난 이닝에서 공을 잡았다면 우리는 이겼을 텐데.

04 정답 (c)

해설 빈칸 뒤에 명사 danger가 있으므로 전치사가 들어갈 자리이다. 전치사는 보기 중에 (a)와 (c)밖에 없고, 문맥상 '위험함에도 불구하고 사용되어져 오고 있다'는 내용이므로

양보를 나타내는 전치사 Despite가 가장 적절하다. Though는 Despite와 뜻은 똑같지만 '주어＋동사'를 이끄는 접속사이므로 자리가 올바르지 않다.

해석 리튬은 공기와 물에 노출되면 쉽게 폭발한다. 위험에도 불구하고 리튬은 많은 에너지를 제공하기 때문에 수십 년간 휴대용 컴퓨터에 전력을 공급하기 위한 배터리로 사용되어 왔다.

explode 터지다, 폭발하다
expose 드러내다, 폭로하다, 노출하다
portable 휴대용의

05 정답 (d)

해설 while의 부사절 시제를 묻는 문제이다. 주절의 동사가 noticed이므로 과거시제임을 확인할 수 있다. 주절에 과거시제가 오는 경우 while 부사절은 과거진행시제가 올바르다.

해석 Yuri는 유능한 대중 연설가가 되기 위해 힘든 시간을 보낼 것이다. 사실상 나는 그녀가 사업 총회에서 강의하는 동안 많은 사람들이 잠에 빠지는 것을 발견했다.

effective 효과적인, 유능한
convention 집회, 대회, 총회, 관습

06 정답 (a)

해설 빈칸 앞에 이미 완벽한 문장이 나왔으므로 필요한 품사가 없다. '목적'을 나타내는 to 부정사의 부사적 용법이 자리나 문맥상으로 적절하다. to prevent는 '~예방하기 위해서'의 해설이 올바르며 「prevent A from ~ing」는 「A가 ~ing하는 것을 예방하다/막다」의 뜻을 지니고 있다.

해석 Miami에서 광우병의 최근 사례는 지역 농부와 소비자들 사이에서 걱정을 유발했다. 미국의 농림부는 인근의 소떼들이 감염되는 것을 예방하기 위해 연동 보호 프로그램을 강화시키고 있다.

disease 질병, 병
spark 촉발시키다, 유발하다, 불꽃을 일으키다
intensify 심해지다, 강화하다
interlock 서로 맞물리게 하다, 연동하다

nearby 인근의
herd 떼, 무리, 소떼

07 정답 (b)

해설 when 부사절의 시제가 현재이므로 주절의 시제도 시제 일치에 따라서 현재시제가 가장 적절하다. 또한 고구마가 당분과 식이섬유가 풍부해서 사람들이 다이어트를 할 때 즐겨 먹는다는 것은 일반적 사실로 볼 수 있다. 일반적 사실이나 반복되는 습관은 현재시제로 표현한다.

해석 연구는 고구마를 빠른 에너지의 이상적 재료로 만들면서 고구마가 주로 설탕과 섬유질로 구성된다는 것을 보여준다. 이것 때문에 많은 사람들은 다이어트 할 때 고구마를 먹는다.

08 정답 (b)

해설 주절 동사에 suggest가 나오고 that절의 내용이 '당위성'을 나타내는 경우 동사는 동사원형이 와야 한다. 보기에는 (a)와 (b)가 동사원형의 형태로 나왔는데 빈칸 다음에 목적어에 해당하는 명사가 없으므로 수동태 형태인 (b)가 적절하다.

해석 우주비행사 Jackson은 우주 체계에서 우리를 기다리는 많은 거대한 발견들이 있다는 것을 믿는다. 그는 우주에서의 모든 행성은 새로운 자료를 위해 완전히 폭파되어야 한다고 제안한다.

astronaut 우주비행사
planet 행성
thoroughly 완전히, 철저히

09 정답 (d)

해설 문맥상 Sophie가 여자였기 때문에 어떤 로펌회사도 그녀를 고용하지 않았다는 내용이 주절에 나오는데, 부사절의 내용은 그녀가 우수한 성적을 받았다는 내용이 있다. '~에도 불구하고'를 표현하는 양보부사절 Though가 가장 적절하다.

해석 유능한 여자들은 일을 얻으려고 투쟁해왔다. Sophie는 로스쿨을 명예 졸업했음에도 불구하고 그녀가 여자였기 때문에 로펌에서 그녀를 고용하지 않았다.

competent 유능한, 능력 있는
struggle 투쟁하다, 몸부림치다, 싸우다

10 정답 (c)

해설 타동사 need는 목적어 자리에 to 부정사를 취한다. to be sent는 수동태인데 뒤에 this package라는 명사가 있으므로 적절하지 않다.

해석 당신은 금요일까지 시카고에 그것이 도착하기 원한다면 우선 취급 우편으로 이 소포를 보내야 한다. 당신이 그것을 보통 우편으로 보낸다면 그것은 그때까지 배달되지 않을 것이다.

11 정답 (a)

해설 조동사 문제는 문맥의 흐름을 확인해서 정답을 찾아야 하므로 해석을 요구한다. 「so that」은 '~하기 위해서'라는 목적을 표현하는 부사절 접속사이다. 문맥상 '대학원 학비를 모을 수 있도록 하기 위해서'가 가장 적절하므로 can이 정답이다. 「so that」이 이끄는 절은 조동사 can과 함께 쓰여서 G-TELP에서 자주 출제된다.

해석 Judy는 이미 패션 잡지 회사에서 편집자로서 상당한 월급을 벌고 있다. 그러나 그녀는 대학원 수업료를 모으기 위해 글쓰기 기술을 가르치는 온라인 강사로서 자택 근무 일자리를 계속 찾고 있다.

decent 어울리는, 단정한, 상당한, 너그러운
instructor 강사
graduate school 대학원

12 정답 (c)

해설 완벽한 문장이 왔고 명사 chance 뒤에 빈칸이 왔다. 명사를 수식하는 준동사를 묻는 문제인데 to 부정사는 형용사 용법으로 명사를 수식할 수 있다. to 부정사의 형용사

용법은 '~할, ~하는, ~한'으로 해석할 수 있다. 동명사는 '명사'이므로 명사를 수식하는 것이 아니라 스스로가 명사로 쓰여 주어, 목적어, 보어자리에 쓰인다.

해석 Disney Films에서 많은 재능 있고 경험 있는 제작자들이 더 많은 감독 프로젝트를 받지 않는다는 것은 불행한 일이다. 소수의 사람들만이 그들의 영화를 만들 기회를 얻을 수 있다.

directorial 감독의

13   정답 (d)

해설 이성적 판단의 형용사가 오고 '당위성'을 나타내는 that절이 오는 경우 동사는 동사원형의 형태로 쓰여야 한다. 이성적 판단의 형용사에는 crucial, necessary, important, vital 등이 있다.

해석 많은 유능한 사람들은 그들의 동료와 잘 지내는데 힘든 시간을 보내기 때문에 직장에서 성공하는 것에 실패한다. 그들이 직장에서 성공하기 원한다면 그들의 사회적 기술을 향상시키는 것은 중요하다.

get along with 잘 지내다

14   정답 (c)

해설 문맥상 On Thursday는 '(다가오는) 목요일에'라는 것을 알 수 있다. 미래 시제를 표현할 수 있는 현재진행시제가 가장 적절하다.

해석 Bookworms Publisher는 마침내 새 잡지를 출시했다. 원래 작년에 잡지를 출시하는 것으로 계획했으나 몇 가지 문제들이 있었다. 목요일에 출판사는 출시를 알리기 위해 기자 회견을 열 것이다.

launch 시작하다, 출시하다
press conference 기자 회견

15   정답 (c)

해설 when 부사절의 시제가 과거이므로 주절의 시제는 과거진행이 되어야 한다.

해석 Jessie는 지난주 월요일에 운전할 때 화장했기 때문에 차 사고를 당했다. 그녀가 갑자기 택시에 부딪쳤을 때 그녀는 거울로 바쁘게 자신을 보고 있었다.

put on make-up 화장을 하다
bump on 부딪치다

16   정답 (a)

해설 encourage 동사는 5형식 타동사로 쓰이면 목적보어 자리에 to 부정사를 취한다. 해석은 '목적어가 to V하도록 고무시키다/격려하다'로 하면 된다.

해석 어린 치타들은 본능적으로 부끄러움을 타서 동물원 사육사들은 그들을 활동적인 개와 함께 키운다. 그들과 상호작용하는 것은 어린 치타가 개의 지배하는 특징을 모방하도록 고무시킨다. 이 기술은 감금된 치타가 적절히 사육되도록 돕는다.

instinctively 본능적으로
zookeeper 동물원 사육사
captivity 감금, 사로잡힌 몸
breed 새끼를 낳다, 사육하다, 야기하다

17   정답 (a)

해설 연결어를 찾는 문제는 문맥의 흐름을 독해로 찾는 문제이다. 앞선 문장에서 Pablo는 가장 유명한 건축가들 중 한 명이라고 언급되어 있고, 빈칸 뒤 문장에서는 도시 전역에서 보이는 건물들이 그의 디자인이라고 했으므로 같은 내용의 세부적 상황 묘사임을 알 수 있다. '재진술'에 해당하는 것으로 '사실상'이란 부사 In fact가 가장 적절하다.

해석 Pablo Brown은 역사에서 가장 유명한 건축가들 중 한 명이다. 사실상 도시 전역에서 보일 수 있는 많은 빌딩들은 그의 디자인이다.

architect 건축가
throughout 도처에, 온통, 완전히

consult with ~와 상의하다
presidential 대통령의, 주재하는

---

18   정답 (c)

해설 빈칸 앞뒤의 문장이 완벽하므로 부사절 접속사나 복합관계부사가 들어갈 수 있다. 문맥상 '~할 때마다'가 적절하므로 whenever가 가장 적절하다.

해석 그 식당은 너무 비좁아서 테이블의 한 쪽 끝이 냉장고 문을 막고 있다. 거기에 앉은 사람은 사람들이 냉장고를 열 때마다 일어나서 의자를 옮겨야 한다.

cramp 경련, 경련을 일으키다. (비좁은 곳에) 처박아 넣다. 속박하다

---

19   정답 (b)

해설 As 부사절의 시제가 현재이므로 주절도 시제일치에 따라서 현재시제가 되어야 적절하다. 현재시제는 (a)와 (b)인데, 문맥상 Brian이 현재 '고려 중'인 것이 더 적절하므로 현재진행시제가 가장 적절하다. 단순 현재시제는 보통 불변의 진리나, 반복적인 습관을 표현할 때 쓰는 시제이다.

해석 Brian은 그가 매일 똑같은 일을 하기 때문에 현재의 일에서 그의 기술을 향상시킬 기회가 없다고 생각한다. 그가 돈을 더 많이 벌고 싶기 때문에 그는 해외에서 일하는 직장을 받아 들이는 것에 대해 고려 중이다.

---

20   정답 (c)

해설 주절의 시제가 「조동사 과거형 + have p.p.」인 것으로 보아 가정법 과거완료 시제임을 알 수 있다. 가정법 과거완료의 If절 시제는 「had p.p.」가 되어야 하므로 (c)가 정답이다.

해석 Fred는 그의 조직화되지 않은 정책 때문에 대학교 학생회 선거에서 졌다. 그가 다른 학생들의 걱정에 대해 그들과 상의만 했다면, 그는 아마 주재하는 자리에 당선되었을 텐데.

---

21   정답 (a)

해설 mention은 '~을 언급하다'라는 뜻으로 목적어에 동명사를 취하는 동사이다.

해석 스포츠를 하는 것 외에 많은 프로 운동선수들은 또한 그들의 사업을 관리하느라 바쁘다. 그들 대부분은 그들의 취미에 관한 한 노는 것이라고 말한다.

when it comes to ~에 관한 한

---

22   정답 (b)

해설 주절에 명령/동의/제안/주장/요구/충고를 의미하는 동사가 오고 '당위성'을 나타내는 내용이 that절로 오는 경우 that절의 동사는 동사원형이 되어야 한다. 보기 중에 동사원형은 (b)와 (c)인데 뒤에 목적어에 해당하는 명사가 있으므로 능동태가 올바르다.

해석 그 회사의 직원들에게 관리자는 4분기 보고서가 금요일까지 제출될 것이라고 상기시키고 있다. 그녀는 구성원들이 상응하는 장려금을 받을 수 있도록 모든 부서가 보고서를 제출해야 한다고 주장한다.

quarterly 연 4회 발행의, 한 해 네 번의
corresponding 해당하는, 상응하는
incentive 격려, 자극, 장려금, 보상물

---

23   정답 (c)

해설 기간을 표현하는 「for more than 3 hours」가 있으므로 완료시제가 들어가야 한다. By the time은 '~할 쯤'이라는 시간부사절 접속사로 완료시제와 잘 쓰이는데, 부사절의 시제가 현재인 것으로 보아 미래를 표현하고 있음을 알 수 있다. 미래의 시간이 되었을 때 '3시간 넘게 기다려오게 되는 것이다'는 의미를 표현하는 미래완료진행시제가 가장

적절하다.

해석 Teresa의 비행편은 흐린 날씨 때문에 연기되었으며 내가 이 책을 오늘 아침에 가져왔다는 것은 좋은 것이다. 나는 그녀를 기다릴 동안 지루해지지 않을 것이다. 그녀의 비행 편이 도착할 때까지 나는 여기에 세 시간 이상 앉아 있을 것이다.

24 　　　　　　　　　　　　　　　　　정답 (a)

해설 consider은 목적어 자리에 동명사를 취하는 타동사이다.

해석 James는 기술적 결함을 걱정하기 때문에 중고차를 사려고 했다가 그만 두었다. 그는 현재 비싸지만 믿을 만한 새 모델을 사는 것을 고려 중이다.

flaw 결함
back off 그만두다, 뒤로 물러나다
reliable 믿을 수 있는, 신뢰할 수 있는

25 　　　　　　　　　　　　　　　　　정답 (b)

해설 want는 목적어 자리에 to 부정사를 취하는 3형식 타동사이다.

해석 소방관들은 붕괴된 빌딩에 갇힌 사람들을 구조하느라 이틀을 보낸 후에 피곤해졌다. 그들은 집에 가서 쉬고 싶어 했다.

trap 가두다, 끼이다, 몰아넣다

26 　　　　　　　　　　　　　　　　　정답 (d)

해설 when 시간 부사절의 시제가 현재인 것으로 보아 주절에는 미래시제가 들어가야 함을 알 수 있다. 미래의 특정한 시점에 '머무르고 있는 상태'를 강조하는 미래진행시제가 가장 적절하다.

해석 나는 당신이 우리와 함께 휴가를 갔으면 좋겠다. 그러나 나는 당신이 연간 보고서를 끝내고 후에 우리를 따라와야 한다는 것에 동의한다. 우리는 당신이 도착했을 때 Bondi Beach 옆에 있는 Comfortable Hotel에 머무르고 있을 것이다.

go on a vacation 휴가를 떠나다

독 해

한 사람의 일생 및 업적을 묘사하는 글이 나온다. 제목에 위인의 이름이 나오는 것이 특징이며, 이름만으로는 어떤 인물인지 알 수 없다. 글 읽는 사람의 이해를 돕기 위해 주로 첫 번째 문단에서 위인에 대한 소개를 간략히 한다.

WOODY ALLEN

American director, writer, producer, and actor Woody Allen is one of the most respected people in Hollywood. He is especially known for featuring nervous and anxiety-laden upper-class New Yorkers as central characters in his movies. Through his films' brilliant plots, he set the standard for modern romantic-comedies.

우디 앨런

미국인 감독, 작가, 제작자, 그리고 배우인 우디 앨런은 할리우드에서 가장 인정받는 사람들 중 한 명이다. 그는 불안하고 걱정으로 가득한 미국 상류층을 그의 영화 중심 캐릭터로 출연시키는 것으로 특히 유명하다. 그의 뛰어난 줄거리 구성을 통해, 그는 현대 로맨틱 코미디의 기준을 마련했다.

첫 문단 이후에는 보통 위인의 출생이나 성장배경 등이 나오며, 업적 소개에 대한 내용이 주를 이룬다. 직업이 다양하거나 업적이 많은 경우 '작가로서 유명하게 한 작품은 무엇인가?'와 같은 세부적인 질문에 조심해야 한다. 예를 들어서 코미디언으로서 유명하게 된 작품은 A이고, 작가로서 유명하게 된 작품은 B인데 문제를 꼼꼼하게 읽지 않으면 선지에 A와 B가 다 나오므로 헷갈릴 수 있다. 자격이나 작품에 대한 소개가 나올 때는 전치사 as (~로서)와 for (~로)가 많이 나온다.

Q. Why most likely is Plath regarded as a pioneer of confessional poetry?
  – Plath가 고백 시의 선구자로 여겨지는 가장 적절한 이유는?

[지문 中 정답 근거 문장]
Due to her sentimental exploration of personal topics, she is often noted as a pioneer of the "confessional poetry" genre.
개인적인 주제들에 대한 그녀의 감성적인 탐구 때문에, 그녀는 "고백시" 장르 개척자로 주로 알려져 있다.

---

memo

Bruce Lee

Bruce Lee was the movie star who made kung fu famous. He was born in the United States in 1940. His father got a job in Hong Kong, so the family moved there when Bruce was still young. He studied martial arts when he was a teenager and soon showed great skill and talent.

Then back in the United States, a Hollywood movie director saw him in a karate championship. The director liked Bruce so he offered him a contract. Bruce Lee made his first movie, The Big Boss, in 1971, but the movie that most of his fans liked best was Enter the Dragon in 1973. The movie made him an international star but it was also his last. He died mysteriously the same year at the age of thirty-three. He became an iconic figure known throughout the world and remains very popular among Asian fans as well as fans from other cultures.

01. What is NOT true about Bruce Lee?

(a) He died mysteriously in 1973.
(b) He learned martial arts in Hong Kong
(c) He didn't live with his father
(d) Enter the Dragon made him a
worldwide star

02 Based on the narrative, what can be said about Bruce Lee?

(a) He was more a director than an actor.
(b) He made dozens of movies and all were successful.
(c) He was not interested in martial arts at all.
(d) He was devoted to making kung fu popular.

03. In the context of the passage, talent means _____.

(a) process
(b) gift
(c) tendency
(d) denial

04. In the context of the passage, known means _____.

(a) acknowledged
(b) canceled
(c) unattended
(d) injured

사회적 현상이나 과학적 발견을 소개하거나 이야기하는 잡지 또는 신문 기사문의 유형이다. 최근에는 '알파고'와 같은 최신기술에 관한 지문이 시험에 나오기도 했다. 친숙한 주제가 나오면 난이도가 낮아질 수 있지만, 대개는 익숙하지 않은 내용들이 나오며 전문 용어가 나오는 경우가 있어 수험생들이 느끼는 난이도는 높다.

예 ....

SCIENTISTS FIND "DEVIL FROG" IN MADAGASCAR

In 1993, scientists found some fossils of the Beelzebufo ampinga - or "devil frog" - possibly the biggest frog ever to have existed. However, these fossils were incomplete, and it was only recently that scientists were able to piece together enough bones to reconstruct the skeleton of the whole frog.

"마왕 개구리" 과학자들 Madagascar에서 발견하다

1993년, 과학자들은 아마도 지금까지 존재해왔던 것 중에서 가장 큰 개구리 Beelzebufo ampigna – "마왕 개구리" – 화석 몇 개를 발견했다. 그러나 이 화석들은 완벽하지 않았는데 최근에서야 과학자들이 완전한 개구리 뼈대를 재구성할 수 있을 정도로 충분한 조각들을 이어붙일 수 있었다.

제목이 기사의 제목인데, 제목에서 주제나 핵심 소재를 알려준다. 또한, 기사문은 첫 문단에서 가장 중요한 사실(= 주제)를 알려준다는 것을 기억해야 한다.

예 ....

Q. What is the article about?

(a) probably the biggest frog to have lived
(b) the rebuilding of fossilized animal skeletons
(c) most likely the world's most evil frog
(d) a comparison between modern and ancient frogs

Q. 이 기사는 무엇에 관한 것입니까?

(a) 아마도 지금까지 존재했던 것 중 가장 큰 개구리
(b) 화석화된 동물 뼈대 재구성하기
(c) 세계에서 가장 사악할 거 같은 개구리
(d) 오늘날과 과거 개구리의 비교

memo

GRAND OPENING!

Learn English fast! The English Institute announces the opening of its new school in Arlington. The first day of classes will be February 1, 2018. The morning classes begin at 9:00 a.m. and end at 1:00 p.m. The afternoon classes are two hours long, from 4:00 to 6:00 p.m. All classes meet Monday through Friday. Classes are <u>offered</u> for every level of English proficiency. Even if there are only five students for a level, the class will open immediately. The morning classes are one month long, and the afternoon classes run for six weeks. All teachers are native speakers. For more information, call 555-1100.

01. How many hours do the morning classes meet each day?

(a) two hours
(b) four hours
(c) nine hours
(d) five fours

04. How many weeks are the afternoon classes?

(a) four weeks
(b) six weeks
(c) one week
(d) two weeks

02. What is the minimum number of students that can be in a class?

(a) two
(b) six
(c) five
(d) one

05. In the context of the passage, offered means _____.

(a) taken
(b) shown
(c) given
(d) posed

03. How many days a week do the classes meet?

(a) five
(b) three
(c) two
(d) one

백과사전에서 다루는 과학, 역사, 지리 등으로 전문적이고 세부적인 내용이 많이 나오는 만큼 수험생들의 체감 난이도도 가장 높다.

예 ....

THE PARTHENON

The Parthenon was a Grecian temple built to thank Athena, the patron goddess of the Acropolis, for saving Athens and Greece during the Persian Wars. Noted for its simplicity and considered a masterpiece of Greek architecture, the Parthenon is one of the most famous structrues in the world. It was built between 447 and 432 B.C.

파르테논

파르테논은 페르시아 전쟁 중에 아테네와 그리스를 지켜준 아크로폴리스 수호여신 아테나에게 경의를 표하기 위해 지어진 그리스 신전이다. 간결함으로 유명하고 그리스 건축물의 걸작으로 여기지는 파르테논은 전 세계에서 가장 유명한 건축물 중 하나이다. 파르테논은 기원전 447년에서 432년 사이에 지어졌다.

특정한 주제에 대한 구체적인 사실묘사나 정보전달을 하는 내용으로써 서식지, 특징, 유사한 종류를 많이 묻는다. 전문적인 용어가 많이 나오고 하이픈이나 세미콜론, 관계사 수식으로 인해 문장이 길어지는 만큼 정확한 독해능력을 요구한다.

예 ....

Q. What main event caused the Parthenon to be built?

(a) to demonstrate gratitude to Athena for the Grecian victory during the Persian wars
(b) the Greeks' need for a grand place to worship their gods
(c) the Greeks' desire to uplift and preserve their culture
(d) the gods' order in exchange for their victory in the war

• 어떤 중요한 사건이 파르테논이 지어지게 만들었는가?

(a) 페르시아 전쟁 중 그리스가 승리를 거둔 것에 대한 아테네에게 경의를 표하기 위해
(b) 그리스인들이 그들의 신들을 숭배할 수 있는 거대한 장소를 요구함에 따라서
(c) 그리스인들이 그들의 문화를 올리고 보존하려는 바람으로 인해
(d) 전쟁에서 그들의 승리에 대한 대가로 신들의 명령으로

memö

FOOTBALL GAMES

Every country has a favorite sport. At one time, baseball was the most popular, but football is now the number one sport in the United States. Millions of Americans either attend a football game every Sunday or watch it on television.

A football game can be fun for the entire family - men, women, and children included. At the game, there is more happening than the game itself. Most people wear clothes that match their team's colors. Almost everyone has a hat, a jacket, or a flag with their team's symbol on it. Also, during the game, many kinds of food and drinks are sold. In addition, each team has a full band which plays music constantly, and cheerleaders, young girls who try to make the people participate.

01. What was the number one sport in the United States?

(a) rugby
(b) soccer
(c) football
(d) baseball

04. What do people have on their jackets and hats?

(a) team symbols
(b) team pins
(c) big feathers
(d) colored balls

02. According to the passage, which of the following is NOT a part of the entertainment at a football game?

(a) listening to the band
(b) watching the cheerleaders
(c) eating and drinking
(d) singing and dancing

05. In the context of the passage, participate means _____.

(a) have fun
(b) divide up
(c) join in
(d) play

03. Why do people probably wear clothes that match their team's colors?

(a) to be noticed by others
(b) to show which team they like
(c) to match family members
(d) to look cheerful

비즈니스와 같은 상용편지나 서식들이 나온다. 글을 쓴 이와 글을 받는 이가 명확하게 제시되고 편지 상단과 하단에 나와 있는 수신인과 발신인의 직함, 회사명을 통해서 두 사람의 관계를 파악할 수 있다. 제품이나 서비스에 대한 소개, 사회적 활동이나 기조연설에 대한 요청, 기금 모금 협조를 부탁하는 글 등이 나온다.

예

> January 2, 2018
>
> Ms. Sophie
> 516 West 65th Street
> New York NY 10235
>
> Dear Ms. Sophie
> We appreciate the feedback we received from you when you took our recent breakfast foods survey; your feedback was important to us in developing our new Tasty Breakfast Foods line of products. As a token of our appreciation, we are sending you some free samples of Tasty Breakfast Foods products. They should arrive within two weeks.
> ... (중간 생략) ...
>
> Sincerely,
> Pedro Alvarez
> Product and Marketing Manager
> Good Foods for Everyone
>
> Sophie 씨께
> 최근 참여하셨던 아침 식사 설문 조사에서 귀하로부터 받은 피드백에 대해 감사드립니다. 귀하의 피드백은 우리 회사가 '맛있는 아침 식사' 신제품을 개발하는 데 아주 요긴했습니다. 감사의 표시로 '맛있는 아침 식사'의 무료 샘플 일부를 보내드립니다. 샘플들은 2주 이내에 도착할 것입니다.

편지를 쓴 목적이 주로 첫 문단에 나오지만 가벼운 안부를 전하거나 주제에 대한 가벼운 언급을 하는 경우도 있다.

예

> Q. Why was the e-mail sent to Ms. Sophie?
> (a) To invite her to a meeting
> (b) To answer a question she asked about a product
> (c) To thank her for her help
> (d) To explain why a shipment was delayed
>
> • Sophie씨에게 이메일을 보낸 이유는?
> (a) 그녀를 회의에 초대하기 위해
> (b) 제품에 대한 그녀의 질문에 답변하기 위해
> (c) 그녀의 도움에 감사하기 위해
> (d) 배송이 지연된 이유를 설명하기 위해

memo

Read the following business letter and answer the questions. The underlined words in the letter are for vocabulary questions.

April 9, 2019

Dear Sharon,

Thanks for the invitation to visit you in Greenville. As a matter of fact, I will be <u>passing</u> through there on Tuesday, April 15, on my way to Columbia. Perhaps we can have dinner together that night. I will be staying at the Comfort Inn on Wilson Street.

By the way, could you please send me directions to the Washington Building in downtown Greenville? I have a job interview there, and I don't want to get lost or be late for it. I have been very busy lately with applications and papers. I am excited about graduating in May, and I hope to start a new job by September. I look forward to visiting with you next week. See you soon.

Pamela

01. Where is Pamela going after Greenville?

    (a) Columbia
    (b) Wilson
    (c) Washington
    (d) downtown

02. What suggestion does Pamela make in the letter?

    (a) staying at Sharon's house
    (b) giving directions
    (c) having dinner
    (d) having a job interview

03. Why is Pamela going to Greenville?

    (a) to interview for a job
    (b) to make dinner for Sharon
    (c) to get directions from Sharon
    (d) to start a new job

04. Why has Pamela been busy lately?

    (a) because of her new job
    (b) because of her visit to Greenville
    (c) because of many invitations
    (d) because of applications and schoolwork

05. In the context of the passage, <u>passing</u> means _____.

    (a) excelling
    (b) dying
    (c) going
    (d) giving

한 권에 끝내는 **지텔프 32점**

정답과 해설
독 해

이현아 취향저격 G-TELP 32점

[Part 1]

Bruce Lee

Bruce Lee는 kung fu를 유명하게 만든 영화 배우였다. 그는 1940년 미국에서 태어났다. 그의 아버지는 홍콩에서 직장을 얻었기 때문에 Bruce가 아직 어릴 때 가족이 그곳으로 이사 갔다. 그가 10대였을 때 무술을 연마했고 엄청난 기술과 재능을 보였다.

그리고 미국으로 돌아왔을 때 할리우드 영화 감독이 가라테 선수권 대회에서 그를 봤다. 그 감독은 Bruce를 좋아했기 때문에 그에게 계약을 제시했다. Bruce Lee는 1971년 The Big Boss라는 첫 영화를 찍었지만 그의 팬 대부분이 가장 좋아하는 영화는 1973년 Enter the Dragon이었다. 그 영화는 그를 국제적 배우로 만들었지만 그것은 그의 마지막 영화였다. 그는 같은 해 33세의 나이에 미궁의 죽음을 당했다. 그는 세계 도처에 알려진 상징적 인물이 되었으며 다른 문화의 팬들뿐만 아니라 아시아 팬들 사이에서 여전히 가장 유명하다.

mysteriously 신비롭게, 이상하게, 미궁 속에
iconic 상징이 되는, 우상의

01 　　　　　　　　　　　　　　　　　정답 (c)

해설 Bruce Lee의 아버지가 직장을 홍콩에 얻게 되어서 가족이 이사 갔다는 내용이 나오므로 아버지와 따로 살았다는 (c)의 내용은 일치하지 않는다.

해석 Bruce Lee에 대해 사실이 아닌 것은?
(a) 그는 1731년에 미궁의 죽음을 당했다.
(b) 그는 홍콩에서 무술을 배웠다.
(c) 그는 그의 아버지와 같이 살지 않았다.
(d) Enter the Dragon은 그를 세계적 배우로 만들었다.

02 　　　　　　　　　　　　　　　　　정답 (d)

해설 첫 문장에서 Bruce Lee는 kung fu를 유명하게 만든 배우라고 묘사되어 있다.

해석 이야기에 따르면 Bruce Lee에 대해 추론할 수 있는 것은?
(a) 그는 배우보다는 감독이었다.
(b) 그는 수십 개의 영화를 찍었고 모두 성공적이었다.
(c) 그는 무술에 전혀 관심 없었다.
(d) 그는 kung fu를 유명하게 만드는데 헌신했다.

03 　　　　　　　　　　　　　　　　　정답 (b)

해석 글의 문맥에서 talent가 의미하는 것은?
(a) (진행) 과정
(b) 재능, 소질
(c) 경향
(d) 부인, 부정

04 　　　　　　　　　　　　　　　　　정답 (a)

해석 글의 문맥에서 known이 의미하는 것은?
(a) 인정받은, 알려진
(b) 취소된
(c) 방치된, 보살핌 받지 못하는
(d) 부상당한

[Part 2]

개원!

영어를 빨리 배우세요! 영어 연구소는 Arlington에 새로운 학원 개원을 알립니다. 수업 개강은 2018년 2월 1일입니다. 아침 수업은 아침 9시에 시작하며 오후 1시에 끝납니다. 오후 수업은 4시부터 6시까지 2시간입니다. 모든 수업은 월요일부터 금요일까지 열립니다. 수업은 영어 능숙도에 따라 제공됩니다. 한 레벨에 단지 5명만 있더라도 수업은 즉시 열릴 것입니다. 오전반은 한 달이며 오후반은 6주 동안 진행됩니다. 모든 선생님들은 원어민입니다. 더 많은 정보를 위해 555-1100으로 전화하세요.

Institute 회, 협회, 연구소
proficiency 능숙함, 숙달

01 　　　　　　　　　　　　　　　　　정답 (b)

해설 아침 수업이 9시에 시작해서 1시에 끝난다고 했으므로 4시간이 올바르다.

해석 아침 수업은 매일 몇 시간 동안 열리는가?
(a) 2시간
(b) 4시간
(c) 9시간
(d) 5시간

02 정답 (c)

해설 각 레벨에 5명만 되어도 수업이 시작된다는 말을 통해 최소 인원이 5명임을 알 수 있다.

해석 수업의 최소 인원은 몇 명이 될 수 있나?

(a) 2
(b) 6
(c) 5
(d) 1

03 정답 (a)

해설 모든 수업은 월요일부터 금요일에 열린다고 했으므로 일주일에 주 5회 수업인 것을 알 수 있다.

해석 일주일에 며칠 수업이 열리는가?

(a) 5
(b) 3
(c) 2
(d) 1

04 정답 (b)

해설 오전반은 한 달 과정, 오후반은 6주 과정이다.

해석 오후 수업은 몇 주 동안 진행되는가?

(a) 4주
(b) 6주
(c) 1주
(d) 2주

05 정답 (c)

해석 글의 문맥에서 offered가 의미하는 것은?

(a) 가져진
(b) 보여진
(c) 주어진
(d) 제기된

[Part 3]

미식축구 경기

모든 나라는 가장 좋아하는 스포츠가 있다. 한때 야구가 가장 유명했지만 미식축구는 현재 미국에서 최고의 스포츠이다. 수백만 명의 미국인들은 매주 일요일에 미식축구 경기에 참가하거나 텔레비전으로 그것을 본다.

미식축구 경기는 가족 전체에게 재미있을 수도 있다-남자, 여자, 그리고 아이들이 포함된다. 경기에서는 경기 자체라기보다는 이벤트성이 있다. 대부분의 사람들은 팀의 색깔에 맞는(=팀을 상징하는 색깔의) 옷을 입는다. 거의 모든 사람들은 팀의 상징이 있는 모자, 재킷, 혹은 깃발을 가지고 있다. 또한 경기 중에 많은 종류의 음식과 음료가 팔린다. 게다가 각 팀은 끊임없이 음악을 연주하는 완전한 밴드와 사람들을 <u>참여하게</u> 하는 젊은 여자들인 치어리더가 있다.

Constantly 끊임없이

01 정답 (d)

해설 문제에 나온 동사 'was'를 통해 과거를 묻는 것임을 알 수 있다. 한때 야구가 가장 유명했다는 말이 나오므로 정답은 야구이다. 현재 가장 인기 있는 미식축구를 선택하는 실수를 하지 않아야 한다.

해석 미국에서 최고의 스포츠는 무엇이었는가?

(a) 럭비
(b) 축구
(c) 미식축구
(d) 야구

02 정답 (d)

해설 미식축구 각 팀은 음악을 연주하는 밴드와 치어리더가 있고, 경기 중에도 음료와 음식이 팔린다고 나와 있다. 노래 부르고 춤을 춘다는 내용은 언급되어 있지 않다.

해석 글에 따르면 다음 중 미식축구 경기에서 오락의 요소가 아닌 것은?

(a) 밴드 음악 듣기
(b) 치어리더 관람
(c) 먹고 마시기
(d) 노래 부르고 춤추기

03 정답 (b)

해설 각 팀과 어울리는 옷을 입는 다는 것은 각 팀을 상징하는 색깔을 입는다는 뜻이다. 응원하는 팀을 드러내기 위한 것임을 알 수 있다.

해석 사람들은 왜 그들 팀의 색깔에 맞는 옷을 입는가?

(a) 다른 사람들과 구분되기 위해

(b) 그들이 좋아하는 팀을 보여주기 위해

(c) 가족 구성원과 맞추기 위해

(d) 쾌활하게 보이기 위해

04 정답 (a)

해설 팀을 상징[= 심벌]하고 있는 모자와 재킷 등을 가지고 있다고 했으므로 상징하는 심벌이 있음을 알 수 있다.

해석 사람들의 재킷과 모자에 무엇이 있는가?

(a) 팀 상징, 팀 심벌

(b) 팀 핀

(c) 큰 깃털

(d) 색 있는 공

05 정답 (c)

해석 글의 문맥에서 participate가 의미하는 것은?

(a) 재미있다

(b) 나누다

(c) 참가하다

(d) 경기하다

[Part 4]

2019년 4월 9일

Sharon에게

Greenville에 당신을 방문하도록 초대해주셔서 감사합니다. 사실상, 저는 콜롬비아로 가는 중 4월 15일 화요일에 그곳을 거쳐 갈 것입니다. 아마도 우리는 그날 밤에 저녁을 같이 먹을 수 있을 것입니다. 저는 Wilson가에서 Comfort Inn에 머무를 것입니다.

그런데 Greenville 시내에 Washington Building로 가는 길 좀 안내해주실 수 있나요? 저는 거기서 취업 면접이 있지만 길을 잃거나 거기에 늦고 싶지 않습니다. 저는 지원서와 논문 때문에 늦게까지 바쁩니다. 저는 5월에 졸업하게 되어 들떠 있으며 9월에 새로운 일을 시작할 것을 희망합니다. 다음 주에 당신을 볼 것을 기대합니다. 곧 뵙겠습니다.

Pamela

as a matter of fact 사실상

pass through 거쳐 가다

direction 방향

application 지원서

01 정답 (a)

해설 콜롬비아로 가는 중 Greenville을 거쳐 가게 된다고 했으므로 정답은 (a)이다.

해석 Pamela는 Greenville 후에 어디로 갈 것인가?

(a) 콜롬비아

(b) 윌슨

(c) 워싱턴

(d) 시내

02 정답 (c)

해설 '그 날 저녁을 같이 먹을 수 있다'는 문장을 통해 식사를 함께 먹는 것을 제안한다는 것을 알 수 있다.

해석 Pamela는 편지에서 무슨 제안을 하는가?

(a) Sharon의 집에 머무르는 것

(b) 길을 알려주는 것

(c) 저녁 먹는 것

(d) 취업 면접을 갖는 것

03

정답 (a)

해설 취업 면접이 있기 때문이라고 언급했다.

해석 Pamela는 Greenville에 왜 가는가?

(a) 취업 면접을 위해

(b) Sharon을 위해 저녁을 만들기 위해

(c) Sharon으로부터 방향을 얻기 위해

(d) 새 직장을 시작하기 위해

04

정답 (d)

해설 지원서와 논문 때문에 최근까지 굉장히 바쁘다는 말이 있다.

해석 Pamela는 왜 최근까지 바쁜가?

(a) 그녀의 새 직장 때문에

(b) Greenville에 방문하기 위해

(c) 많은 초대 때문에

(d) 지원서와 학교 공부 때문에

05

정답 (c)

해석 글의 문맥에서 passing이 의미하는 것은?

(a) 뛰어난

(b) 죽은

(c) 가는

(d) 주는

32점 대비 (고급) 필수어휘

01	undergo	(안 좋은 일을) 겪다, 경험하다, (수술을) 받다.

Playing board games is undergoing a revival in popularity.
보드 게임을 하는 것이 인기를 회복하고 있다.

02	concern	걱정, 근심

Our main concern is making the delivery on time.
우리의 주된 걱정은 제 시간에 배달을 하는 것이다.

03	attract	끌어당기다, (관심을) 모으다, 유혹하다.

The island's beaches attract tourists from many different countries.
그 섬의 해변은 여러 다른 나라의 관광객들을 끌어 모은다.

04	issue	발행하다. (= publish), 문제, 쟁점

Then we'll issue you a replacement passport.
그러면 저희가 임시여권을 발급해 드리도록 하겠습니다.

05	ample	충분한, 풍부한, 넓은

This provided ample grazing land for animals.
이것은 동물들을 위한 광대한 풀밭을 제공했다.

06	advantage	장점, 이점 (= merit, benefit)

Computer has a distinct advantage over most other systems.
컴퓨터는 대부분의 다른 장치들보다 단연 낫다.

07	defect	결함, 결점

The baby has mental retardation because of a birth defect.
그 아기는 선천적 결함으로 인해 정신지체를 앓고 있다.

08	relevant	관련이 있는, 적절한(= proper)

She marked the sentences in the article that were relevant to her research.
그녀는 그녀의 연구과 관련 있는 기사의 문장에 표시를 했다.

09	impair	손상시키다, 해치다.

Lack of sleep can impair your concentration and judgment.
수면 부족은 당신의 집중력과 판단력을 손상시킬 수 있다.

10	alter	변경하다, 고치다.

The landscape has been radically altered, severely damaging wildlife.
자연 경관이 급격히 변해서 야생동식물들에게 극심한 피해를 주고 있다.

11	displace	대신하다, 교체하다.

Gradually factory workers have been displaced by machines.
공장 일꾼들이 차츰 기계로 대체되었다.

12	alleviate	완화시키다, 누그러뜨리다. (= soothe)

It also helps you lose weight and alleviate stress.
이것은 또한 체중 조절을 하고 스트레스를 줄여주는데 도움을 준다.

13	postpone	연기하다, 미루다. (= delay, put off)

We all agreed that we'd better postpone the game for a week.
우리 모두는 게임을 일주일 연기하는 게 좋겠다고 의견을 같이했다.

14	involve	포함하다

We all agreed that we'd better postpone the game for a week.
우리 모두는 게임을 일주일 연기하는 게 좋겠다고 의견을 같이했다.

15	require	요구하다.

His occupational duties require him to travel a lot.
그는 직업상 여행/출장을 많이 해야 한다.

16	respect	존경하다. (= look up to), 존경(심)

A deep mutual respect and understanding developed between them.
그들 사이에 서로에 대한 깊은 존경심과 이해심이 생겨났다.

17	conduct	수행하다, (조사, 연구 따위를) 실시하다

We will conduct background checks on potential employees.
저희는 직원을 채용하기 전에 배경 조사를 실시합니다.

18	improvement	향상, 개선

It is not a sign of a long-term improvement.
장기적인 개선의 징후가 아니다.

19	integrate	통합하다.

He seems to find it difficult to integrate socially.
그는 사회적 통합이 어렵다는 것을 아는 것 같다.

20	liable	~하기 쉬운, ~할 것 같은 (= likely), 책임이 있는

Infants are more liable to complications than adults.
유아는 성인보다 합병증에 더 잘 걸린다.

한 권에 끝내는 **지텔프 32점**

독해 모의고사

Benjamin Franklin

Benjamin Franklin is one of the most famous individuals in American history. As a writer, an inventor, and a founder of the United States of America, he greatly influenced the world he lived in.

Franklin was born in 1706 in Boston, Massachusetts. He was one of 17 children, which meant that his life was not very easy. Most of the time, he had to take care of himself. However, this taught Franklin the importance of being independent and clever. At 12, Franklin went to work for his brother James, who owned a newspaper. Franklin wrote under a fake name so people wouldn't know how young he was. His pen name was Silence Dogood. Readers loved Silence Dogood and never <u>suspected</u> that "she" was a teenager named Benjamin Franklin.

When he was older, Franklin left his brother's newspaper and started his own printing business. His paper, The Pennsylvania Gazette, became a leading newspaper at the time. In 1732, Franklin began publishing Poor Richard's Almanack, which he printed yearly for more than two decades. Like other almanacs, Poor Richard's Almanack was filled with general information, like planting dates, weather predictions, and advice.

But there was much more to Benjamin Franklin than his writing. He spent a lot of time working on inventions to help society. The Franklin stove, which warmed people's houses, is one such example. In the 1750s, he became famous worldwide for his experiments with electricity and the invention of the lightning rod. Franklin used his popularity to work for <u>causes</u> he believed in, like American independence. In 1778, he persuaded the French to support the Americans during their war for freedom from Britain.

Franklin's writings, inventions, and leadership will never be forgotten. Although he died centuries ago, the bright flame of his legacy still warms the world.

53. Which is not true about Benjamin Franklin's life?

(a) He was one of the America's most famous leaders.
(b) His childhood was difficult as he was one of 17 children.
(c) He became a newspaper publisher at the age of 12.
(d) He influenced both inside and outside of the United States of America.

54. What can most likely be said about Silence Dogood's work?

(a) Readers were not that interested in the opinions.
(b) If people had known it was Franklin's, they would have liked it more.
(c) The work was filled with general information.
(d) It was believed to be the writing of an adult.

55. Which is not true about Poor Richard's Almanack?

(a) It was published under the name of James Franklin.
(b) It contained information about weather and planting dates.
(c) Franklin published it for more than 20 years.
(d) It was updated every year.

56. Why most likely did Benjamin Franklin become famous worldwide?

(a) because of his predictions for weather in advance
(b) because of his work with electricity and the lightning rod
(c) because of his own publishing business
(d) because of his improvement of the stove

57. What did Benjamin Franklin persuade the French to do?

(a) to support America for independence
(b) to join the war against Britain
(c) to publish the early history of America
(d) to request cooperation with Britain

58. In the context of the passage, suspect means _____.

(a) accomplish
(b) suppose
(c) ventilate
(d) transfer

59. In the context of the passage, cause means _____.

(a) ideal
(b) diversity
(c) esteem
(d) assignment

Poor sleep makes people pile on the pounds, study finds

Lack of sleep has long been linked to obesity, but a new study suggests late night snacking may not be the primary culprit. The latest findings provide the most <u>compelling</u> evidence to date that disrupted sleep alters the metabolism and boosts the body's ability to store fat. The findings add to mounting scientific evidence on how disrupted sleep influences the usual rhythms of the body clock, raising the risk of a wide range of health problems from heart disease to diabetes. Jonathan Cedernaes, a circadian researcher at Uppsala University in Sweden and the paper's first author, said the findings pointed to "the irreplaceable function that sleep has".

Time and again research has linked shift work and lack of sleep to the risk of obesity and diabetes, but the reasons behind this association are complex and have been difficult to elucidate. Insufficient sleep appears to disrupt hormones that control appetite and feelings of fullness. Those who sleep less have more time to eat, may be too tired to exercise and have less self-control when it comes to resisting the temptation of unhealthy snacks. A previous study by Cedernaes and colleagues showed that even a short period of sleep deprivation led people to eat more and opt for higher calorie food.

The latest study provides new evidence that sleep deprivation having a direct influence on basic metabolism and the body's balance between fat and muscle mass. In the study, published in the journal Science Advances, 15 healthy volunteers each attended a testing session on two occasions, once after a normal night's sleep and once after staying up all night. During the visit, they gave samples of fat and muscle tissue and blood. After sleep deprivation, people's fat tissue showed changes in gene activity that are linked to cells increasing their tendency to absorb lipids and also to proliferate.

By contrast, in muscle the scientists saw reduced levels of structural proteins, which are the building blocks the body requires to maintain and build muscle mass. Previous epidemiological studies have also found shift workers and those who sleep less have lower muscle mass. This may be in part down to lifestyle factors, but the latest work shows that there are also fundamental biological mechanisms at play. "Sleep loss by itself is reducing proteins that are the key components of muscle," said Cedernaes, although he added it is possible that diet and exercise could <u>counteract</u> these changes.

60. What is the main topic of the article?

(a) the sleep's effect on the body's balance
(b) the relationship between lifestyle and obesity
(c) the increase in muscle mass due to shift work
(d) the advantages of choosing higher calorie food

61. How does sleep deprivation influence the body?

(a) It prevents the body from accumulating fat.
(b) It decreases workout time.
(c) It makes people to eat more.
(d) It helps a certain hormone to be released.

62. Which is true about the study published in the journal Science Advances?

(a) The total number of participants was 30.
(b) The study analyzed body tissue from the volunteers.
(c) The study showed proliferation of protein after a normal sleep.
(d) The results undermine the irreplaceable function that sleep has.

63. According to the passage, structural proteins _____.

(a) are the basic elements helping maintain the body.
(b) are linked to gene activity which activates absorption of lipids.
(c) are inversely proportional to muscle mass.
(d) result in insufficient sleep and an increased risk of health problems.

64. What can be said about the association between sleep and metabolism?

(a) The reason for the association has been well established.
(b) Sleep's influence on metabolism was stumbled upon unexpectedly.
(c) Disrupted sleep can change the metabolism negatively.
(d) A sound sleep is beneficial to the metabolism.

65. In the context of the passage, compelling means _____.

(a) absolute
(b) phenomenal
(c) innate
(d) convincing

66. In the context of the passage, counteract means _____.

(a) assert
(b) neutralize
(c) depress
(d) intrude

Bluegill

The bluegill is found in most freshwater lakes in the United States, especially in the southern states. A very popular sport fish, it is distinguished by six to eight dark vertical bands of color. It comes in many varieties and colors but generally the adult male is pale blue to greenish-yellow, while the female and young bluegills are grayish- green. The bluegill is derived from the bright blue gill covers found on the males. It is often referred to as "bream" or "brim".

A record three pound eight ounce bluegill was caught in Illinois in 1987. The average fish is about eight inches in length and weigh around half a pound. They typically have a lifespan of around five to six years. They have a wide habitat and can be caught year-round compared to the limited catching season for a lot of other sport fish. They also have a very long breeding season, which makes for plentiful stocks.

This fish begins to spawn when the water temperature reaches into the area of seventy degrees F. Spawning may peak in May or June but continues until water temperatures cool in the fall. It is the male of the species that makes and protects the nest. During breeding the male will build a nest in the sand or gravel to a depth of around two feet. It is usually about twice as big as the size of the male. The female will lay between two thousand and sixty-seven thousand eggs into the nest. Males guard the nest until the eggs hatch in five to ten days.

Young fish or fry as they are called, feed on plankton, but as they grow the diet shifts to aquatic insects and their larvae. Up to fifty percent of the bluegills' diet may consist of midge larvae. The adult diet is mainly mayflies, damselflies and midges. Larger bluegill may eat freshwater shrimp, small crayfish and snails.

67. What is the average weight of a brim?

(a) 3 lbs. 8 oz.
(b) 2 lbs. 4 oz.
(c) 1 lbs.
(d) 1/2 lbs.

68. Where was the largest bluegill caught?

(a) Mississippi
(b) Iowa
(c) Illinois
(d) Missouri

69. Up to how many eggs will the female lay?

(a) 67,000
(b) 42,000
(c) 2,000
(d) 60,000

70. Why are there so many bluegills?

(a) The female lays more eggs than the average fish.
(b) The bluegill has a longer breeding season than that of the average fish.
(c) They are too hard to catch.
(d) There are few predators.

71. Why is this fish called a bluegill?

(a) Its gills are blue.
(b) It lives in very blue water.
(c) The babies are blue.
(c) When spawning the males turn blue.

72. In the context of the passage, vertical means _____.

(a) horizontal
(b) upright
(c) round
(d) square

73. In the context of the passage, spawn means _____.

(a) lay one's eggs
(b) raise one's young
(c) hatch
(d) brood

TO: Events Staff
FROM: Marinella Garnet, Project Manager
SUBJECT: Upcoming Seminar
DATE: September 23

As announced at the recent meeting, our company is organizing a three-day business seminar on e-commerce. The seminar, to be held six months from now, will be attended by small and mid-size business owners wishing to learn how to sell their products and services on the Internet. To facilitate the planning of this seminar, I have posted a list of seminar committees and their members on the bulletin board. The committees are as follows:

Speaker Committee

Venue Committee

Food Committee

Marketing Committee

Registration Committee

You will notice that, except for the marketing committee, all committees are composed of new members.

The venue committee must confirm the location at least 3 months prior to the event. The space must be large enough to hold up to 500 people. The marketing committee must coordinate with Mr. Donaldson, our marketing director, so that they will be familiar with the company's new sponsorship packages. Since the seminar is free, I would like the marketing committee to look for more sponsors so that the majority of the seminar's costs may be covered by income from advertisers. Make sure that sponsors are aware of the benefits they will receive in return for their assistance, including the use of their logos in promotional materials for the seminar.

I also want the speaker committee to present a list of potential guest speakers. If possible, invite executives from online books, arts and crafts, computers, and clothing retailers.

74. Why was the e-mail written?

    (a) to give directions to the committees
    (b) to find a sponsor for the seminar
    (c) to encourage employees to attend the seminar
    (d) to thank the committees for arranging an event

75. What is true about the seminar?

    (a) It will cost more than estimated.
    (b) It has been held annually.
    (c) It will take place 3 months later.
    (d) It will be sponsored by businesses.

76. Who will most likely attend the seminar?

    (a) a marketing manager
    (b) a small business owner
    (c) an internet service provider
    (d) an advertising agent

77. What are the committees not asked to do?

    (a) to send solicitation letters
    (b) to decide on a venue
    (c) to consult a colleague
    (d) to create guest speaker directories

78. What can be suggested about the committees?

    (a) The members of the committees are temporary employees.
    (b) The members of the committees were recommended by Mr. Donaldson.
    (c) They have been given different assignments.
    (d) They have to learn background information on e-commerce before the seminar.

79. In the context of the passage, facilitate means _____.

    (a) improvise
    (b) promote
    (c) exploit
    (d) compensate

80. In the context of the passage, confirm means _____.

    (a) validate
    (b) identify
    (c) furnish
    (d) fix

한 권에 끝내는 **지텔프 32점**

G-TELP

독해 모의고사
정답과 해설

이현아 취향저격 G-TELP 32점

[Part 1]

벤자민 프랭클린

벤자민 프랭클린은 미국 역사에서 가장 유명한 인물들 중한 명이다. 작가, 발명가, 미합중국의 건국자 중 한 명으로서, 그는 자신이 살았던 세계에 크게 영향을 주었다.

프랭클린은 1706년 매사추세츠 주, 보스턴에서 태어났다. 그는 17명의 자녀들 중 한 명이었는데, 그것은 그의 인생이 그다지 쉽지 않았음을 의미한다. 대부분의 시간에, 그는 스스로를 돌봐야만 했다. 하지만 이것은 프랭클린에게 독립적이고 영리해지는 것의 중요성을 가르쳐 주었다. 12살에 프랭클린은 형 제임스를 위해 일하러 갔는데, 제임스는 신문사를 소유하고 있었다. 프랭클린은 사람들이 그가 얼마나 어린지 알지 못하도록 가명으로 글을 썼다. 그의 필명은 Silence Dogood 였다. 독자들은 Silence Dogood을 사랑했고 '그녀'가 벤자민 프랭클린이라는 이름의 10대라고 전혀 의심하지 않았다.

더 나이가 들었을 때, 프랭클린은 형의 신문사를 떠나서 자신의 인쇄 사업을 시작했다. 그의 신문 〈펜실베이니아 가제트〉는 그 당시에 선두적인 신문이 되었다. 1732년에, 프랭클린은 〈가난한 리처드의 연감〉을 출판하기 시작했는데, 그것을 20년 이상 해마다 발행했다. 다른 연감과 마찬가지로, 〈가난한 리처드의 연감〉은 식물 심는 날들, 날씨 예측, 충고와 같은 일반적인 정보로 채워졌다.

하지만 벤자민 프랭클린에게는 글쓰기보다 더 많은 것이 있었다. 그는 사회를 돕기 위해 발명하는 데 많은 시간을 보냈다. 사람들의 집을 따뜻하게 했던 프랭클린 난로는 그러한 예의 하나이다. 1750년대에, 그는 전기 실험과 피뢰침 발명으로 세계적으로 유명해졌다. 프랭클린은 미국 독립과 같이 자신이 믿었던 대의명분을 위해 일하고자 위해 그의 인기를 이용했다. 1778년, 그는 미국인들이 영국으로부터 자유를 얻기 위한 전쟁을 하는 동안 프랑스인들이 미국인들을 지지하도록 설득했다.

프랭클린의 저작들, 발명품들, 리더십은 결코 잊혀지지 않을 것이다. 그는 수 세기 전에 죽었지만, 그가 남긴 유산의 밝은 불꽃은 여전히 세상을 따뜻하게 한다.

almanack 연감   lightning rod 피뢰침

53
정답 (c)

해설 두 번째 단락 At 12, Franklin went to work for his brother James, who owned a newspaper.에서 알 수 있다.

해석 벤자민 프랭클린의 삶에 대해 틀린 것은 무엇인가?
(a) 그는 미국의 가장 유명한 지도자 중 한 사람이었다.
(b) 그는 17명의 자녀 중 한 명이었기 때문에 그의 어린시절은 어려웠다.
(c) 그는 12살의 나이에 신문 출판인이 되었다.
(d) 그는 미국 국내외적으로 영향을 미쳤다.

54
정답 (d)

해설 두 번째 단락 Franklin wrote under a fake name so people wouldn't know how young he was.에서 알 수 있다. 또한 사람들이 '그녀'가 십 대임을 의심하지 않았다고 하였다.

해석 Silence Dogood의 글에 대해 가장 적절한 것은?
(a) 독자들은 의견에 그다지 흥미가 없었다.
(b) 사람들이 그것이 프랭클린의 글이라는 것을 알았더라면, 그것을 더 좋아했을 것이다.
(c) 그것은 일반적인 정보로 채워졌다.
(d) 그것은 성인의 글쓰기로 여겨졌다.

55
정답 (a)

해설 세 번째 단락 Franklin began publishing Poor Richard's Almanack 에서 알 수 있다. 형의 신문사를 떠나 자신의 인쇄 사업을 시작했다고 하였다.

해석 〈가난한 리처드의 연감〉에 대해 틀린 것은?
(a) 제임스 프랭클린의 이름으로 출판되었다.
(b) 날씨와 식물 심는 날에 대한 정보를 포함했다.
(c) 프랭클린은 20년이 넘게 이것을 출판했다.
(d) 이것은 매년 개정되었다.

56
정답 (b)

해설 네 번째 단락 In the 1750s, he became famous worldwide for his experiments with electricity and the invention of the lightning rod.에서 알 수 있다.a

해석 왜 벤자민 프랭클린이 세계적으로 유명해 진 것 같은가?
(a) 미리 날씨를 예측하는 것 때문에
(b) 전기와 피뢰침 실험 때문에

(c) 그의 인쇄 사업 때문에

(d) 난로 개선 때문에

57 정답 (a)

해설 네 번째 단락 he persuaded the French to support the Americans during their war for freedom from Britain. 에서 알 수 있다.

해석 벤자민 프랭클린은 프랑스에 무엇을 하라고 설득했는가?

(a) 미국의 독립을 위해 지지하도록

(b) 영국과의 전쟁에 참가하도록

(c) 미국의 초기 역사를 출판하도록

(d) 영국과의 협조를 요청하도록

58 정답 (b)

해설 suspect 의심하다, 추측하다

해석 본문 맥락에서 suspect가 의미하는 것은?

(a) 성취하다

(b) 추측하다

(c) 환기하다

(d) 옮기다

59 정답 (a)

해설 cause 대의명분

해석 본문 맥락에서 cause가 의미하는 것은?

(a) 이상

(b) 다양성

(c) 존경

(d) 배정

[Part 2]

부족한 수면은 사람들이 빠르게 체중을 늘게 한다고 연구가 밝히다

수면 부족은 오랫동안 비만과 관련되어 왔지만, 최근의 연구는 야식이 주범이 아닐 수도 있음을 시사한다. 최신 연구 결과는 수면 방해가 신진 대사를 변화시키고 체내 지방 저장 능력을 촉진시킨다는 가장 설득력 있는 증거를 제공한다. 이 연구 결과는 수면 방해가 생체 시계의 일반적인 리듬에 어떻게 영향을 미치는지에 대하여 커져 가는 과학적 증거에 보태, 심장 질환에서부터 당뇨병에 이르기까지 광범위한 건강 문제의 위험성을 증가시킨다. 스웨덴 웁살라 대학의 생체 주기 연구원이자 논문의 첫째 저자인 Jonathan Cedernaes는, 이 연구 결과가 "수면이 갖는 대체불가능한 기능"을 지적했다고 말했다.

되풀이된 연구는 교대 근무와 수면 부족을 비만과 당뇨병의 위험에 연관시켜 왔지만, 이 연관성을 뒷받침하는 이유는 복잡하고 설명하기가 어렵다. 불충분한 수면은 식욕과 포만감을 조절하는 호르몬을 방해하는 것처럼 나타난다. 더 적게 자는 사람은 더 많은 먹을 시간을 지니고, 운동하기에는 너무 지치며 건강에 해로운 간식의 유혹에 저항할 때 자기 통제력이 더 떨어진다. Cedernaes와 동료의 이전 연구는 짧은 수면 부족조차 사람들이 더 많이 먹고 더 높은 칼로리의 음식을 선택하게 한다는 것을 보여주었다.

최신 연구는 기본 대사 및 지방과 근육량 사이의 신체 균형에 직접적인 영향을 미치는 수면 박탈에 대한 새로운 증거를 제시한다. Science Advances 저널에 발표된 연구에서, 15명 명의 건강한 지원자들은 두 차례에 걸쳐 각 테스트 세션에 참여했는데, 한 번은 정상적인 수면 후였고 한 번은 밤샘 후였다. 실험 방문 동안, 참여자들은 지방과 근육, 혈액 조직 샘플을 제공했다. 수면 박탈 이후, 사람들의 지방 조직은 지질을 흡수하고 또한 증식하는 경향을 증가시키는 세포와 관련이 있는 유전자 활동의 변화를 보여주었다.

대조적으로, 근육에서 과학자들은 구조 단백질의 감소된 수치를 발견했는데, 이는 신체가 근육량을 유지하고 형성하는 데 필요로 하는 기본 구성물이다. 이전의 유행병 연구는 또한 교대 근로자와 덜 자는 사람들의 근육량이 낮다는 사실을 발견했다. 이것은 부분적으로는 생활 방식의 요인 때문일 수도 있지만, 최신 연구는 근본적으로 작동하는 생물학적 메커니즘이 있음을 보여준다. Cedernaes 교수는 "수면 손실 자체는 근육의 핵심 구성 요소인 단백질을 감소시킨다"라고 말했지만, 그는 식이 요법과 운동이 이러한 변화를 상쇄하는 것이 가능하다고 덧붙였다.

60 정답 (a)

해설 첫 번째 단락 The latest findings provide the most compelling evidence to date that disrupted sleep alters the metabolism and boosts the body's ability to store fat. 에서 알 수 있다.

해석 기사의 주된 주제는 무엇인가?
(a) 신체 균형에 수면이 미치는 영향
(b) 생활 방식과 비만 간의 관계
(c) 교대 근무로 인한 근육량의 증가
(d) 고칼로리의 식품을 선택하는 것의 이점

61 정답 (c)

해설 두 번째 단락 A previous study by Cedernaes and colleagues showed that even a short period of sleep deprivation led people to eat more and opt for higher calorie food.에서 알 수 있다.

해석 수면 박탈은 신체에 어떻게 영향을 미치는가?
(a) 신체가 지방을 축적하는 것을 막는다.
(b) 운동 시간을 줄인다.
(c) 사람들이 더 많이 먹게 한다.
(d) 특정 호르몬이 분비되는 것을 돕는다.

62 정답 (b)

해설 세 번째 단락 During the visit, they gave samples of fat and muscle tissue and blood. After sleep deprivation, people's fat tissue showed changes in gene activity that are linked to cells increasing their tendency to absorb lipids and also to proliferate.로부터 참여자들이 신체 조직을 제공했음을 알 수 있고, 이를 통해 과학자들이 연구 결과를 얻어냈음을 추론할 수 있다.

해석 Science Advances 저널에 발표된 연구에 대해 맞는 것은 무엇인가?
(a) 참여자의 총 숫자는 30이었다.
(b) 연구는 지원자의 신체 조직을 분석했다.
(c) 연구는 정상적인 수면 후 단백질의 급증을 보여주었다.
(d) 결과는 수면이 갖는 대체불가능한 기능을 약화한다.

63 정답 (a)

해설 네 번째 단락 By contrast, in muscle the scientists saw reduced levels of structural proteins, which are the building blocks the body requires to maintain and build muscle mass.에서 알 수 있다.

해석 본문에 따르면, 구조 단백질은 _____.
(a) 신체를 유지하는 것을 돕는 기본 요소이다.
(b) 지방질 흡수를 활성화하는 유전자 활동에 연관된다.
(c) 근육량과 반비례한다.
(d) 불충분한 수면과 건강 문제의 증가된 위험을 초래한다.

64 정답 (c)

해설 첫 번째 단락 The latest findings provide the most compelling evidence to date that disrupted sleep alters the metabolism and boosts the body's ability to store fat. 에서 수면이 신진 대사를 변화시키며, 이어지는 연구 내용에서 부정적으로 변화시킬 수 있음을 확인할 수 있다.

해석 수면과 신진 대사의 연관성에 대해 말할 수 있는 것은 무엇인가?
(a) 연관성의 근거는 잘 확립되어 왔다.
(b) 신진 대사에 미치는 수면의 영향은 예기치 않게 우연히 발견되었다.
(c) 수면 방해는 신진 대사를 부정적으로 변화시킬 수 있다.
(d) 숙면은 신진 대사에 유익하다.

65 정답 (d)

해설 compelling 설득력 있는
해석 본문 맥락에서 compelling이 의미하는 것은?
(a) 절대적인
(b) 경이적인
(c) 타고난
(d) 설득력 있는

66 정답 (b)

해설 counteract 상쇄하다, 막다
해석 본문 맥락에서 counteract가 의미하는 것은?
(a) 주장하다
(b) 중화하다, 없애다
(c) 우울하게 하다
(d) 침범하다

[Part 3]

블루길

블루길은 미국, 특히 남부 소재 주 대부분의 민물 호수에서 볼 수 있다. 인기가 빼어난 스포츠용 물고기인 블루길은 6개에서 8개의 <u>수직으로</u> 뻗은 짙은 색깔 띠로 인해 구별이 된다. 종류와 색상이 다양하지만 일반적으로 다 자란 수컷은 연푸른색에서 초록빛을 띠는 황색까지 있고, 암컷과 새끼 블루길은 회색빛을 띤 초록색이다. 블루길이라는 이름은 수컷에서 볼 수 있는 선명하게 푸른 아가미 덮개에서 기원한다. 이는 종종 "bream"이나 "brim"이라고 언급되기도 한다.

3파운드 8온스나 되는 기록적인 블루길이 1987년 일리노이 주에서 잡혔다. 보통의 블루길은 약 8인치이며 무게는 1/2 파운드이다. 대체로 블루길의 수명은 5년에서 6년에 이른다. 서식지는 넓게 분포되어 있고 여타 수많은 스포츠용 물고기의 제한된 어획기와 비교해 볼 때 연중 잡을 수 있다. 또한 블루길은 번식기가 길어서 개체수가 풍부하다.

블루길은 수온이 화씨 70도 범위 내에 이르면 <u>산란</u>을 시작한다. 산란은 오뉴월에 정점을 이루며 가을에 수온이 낮아질 때까지 계속된다. 보금자리를 만들고 보호하는 쪽은 수컷이다. 번식기에 수컷은 모래나 자갈에 약 2피트의 깊이로 보금자리를 짓는다. 그 보금자리는 보통 수컷의 약 두 배 크기이다. 암컷은 보금자리 속에 2천 개에서 6만 7천 개의 알을 낳는다. 수컷은 닷새에서 열흘이 지나 알이 부화될 때까지 보금자리를 지킨다.

어린 물고기 또는 그들이 불리는 것처럼 새끼 물고기는 플랑크톤을 먹고 살지만 자라면서 먹는 수중 곤충이나 애벌레로 바뀐다. 블루길 먹이의 50%까지는 작은 애벌레이다. 다 큰 블루길은 주로 하루살이, 실잠자리, 작은 벌레를 먹는다. 좀 더 몸이 큰 블루길은 민물 새우, 작은 가재, 달팽이를 먹을지도 모른다.

freshwater 민물
refer to 언급하다
stock 개체수
hatch 부화하다
larvae 유충, 애벌레
damselfly 실잠자리
crayfish 가재

gill 아가미
breeding season 번식기
spawn 산란하다
fry 새끼 물고기
mayfly 하루살이
midge 작은 날벌레

67
정답 (d)

해설 두 번째 단락의 두 번째 문장 "The average fish is about eight inches in length and weight around half a pound."를 통해 블루길의 평균 체중이 1/2 파운드임을 확인할 수 있다.

해석 브림(블루길)의 평균 체중은 얼마인가?
(a) 3 파운드 8 온스
(b) 2 파운드 4 온스
(c) 1 파운드
(d) 1/2 파운드

68
정답 (c)

해설 두 번째 단락 첫 문장 "A record three pound eight ounce bluegill was caught in Illinois in 1987."을 보면 일리노이 주에서 3파운드 8 온스짜리 블루길이 잡힌 것을 알 수 있다.

해석 가장 큰 블루길이 잡혔던 곳은 어디인가?
(a) 미시시피 주
(b) 아이오와 주
(c) 일리노이 주
(d) 미주리 주

69
정답 (a)

해설 세 번째 단락 끝에서 두 번째 문장 "The female will lay between two thousand and sixty-seven thousand eggs into the nest."를 통해 최소 2,000개에서 최대 67,000개까지 산란한다는 것을 알 수 있다.

해석 암컷은 알을 얼마까지 산란하게 되는가?
(a) 67,000개
(b) 42,000개
(c) 2,000개
(d) 60,000개

70
정답 (b)

해설 두 번째 단락 마지막 문장 "They also have a very long breeding season, which makes for plentiful stocks."를 통해 산란기가 길어 개체수가 풍부하다는 것을 알 수 있다.

해석 블루길이 그렇게 많은 이유는 무엇인가?
(a) 암컷이 보통 물고기보다 알을 많이 낳으므로

(b) 블루길이 보통 물고기보다 산란기가 길므로

(c) 블루길이 잡기에 너무 어려우므로

(d) 포식자가 거의 없으므로

71
정답 (a)

해설 첫 번째 단락 끝에서 두 번째 문장 "The bluegill is derived from the bright blue gill covers found on the males."를 보면 수컷 블루길의 아가미 덮개가 연푸른빛인 것에서 유래한 것임을 쉽게 확인할 수 있다.

해석 이 물고기가 블루길이라고 불리는 까닭은 무엇인가?

(a) 그 아가미가 푸른빛이다.

(b) 아주 푸른 물속에 살고 있다.

(c) 새끼들이 푸른빛이다.

(d) 산란할 때, 수컷들이 푸른빛으로 변한다.

72
정답 (b)

해설 형용사 vertical은 '수직의'를 의미한다. 따라서 가장 유사한 어휘는 upright이다.

해석 글의 문맥상 vertical은 수직의를 의미한다.

(a) 수평의

(b) 수직의

(c) 둥근

(d) 정사각형의

73
정답 (a)

해설 spawn은 '산란하다, 알을 낳다'는 의미이다.

해석 글의 문맥상 spawn은 자신의 알을 낳다를 의미한다.

(a) 자신의 알을 낳다

(b) 자기 새끼를 키우다

(c) 부화하다

(d) 알을 품다

[Part 4]

수신: 행사 직원

발신: Marinella Garnet, 프로젝트 관리자

제목: 곧 있을 세미나

날짜: 9월 23일

최근 회의에서 발표된 것과 같이, 우리 회사는 전자 상거래에 대한 3일간의 사업 세미나를 준비하고 있습니다. 지금으로부터 6개월 후 열릴 세미나에는, 인터넷에서 그들의 제품과 서비스를 어떻게 판매하는지를 배우고 싶어하는 중소기업 소유주들이 참가할 것입니다. 이 세미나의 기획을 용이하게 하기 위해, 게시판에 세미나 위원회와 그 구성원들의 명단을 게시하였습니다. 위원회는 다음과 같습니다.

연설 위원회

장소 위원회

음식 위원회

마케팅 위원회

등록 위원회

마케팅 위원회를 제외하고는, 모든 위원회가 신입사원으로 구성되어 있는 것을 아실 수 있을 것입니다.

장소 위원회는 최소 행사 3개월 전에는 장소를 확정지어야 합니다. 장소는 500명까지 수용할 수 있을 정도로 충분히 커야 합니다. 마케팅 위원회는 회사의 새로운 후원 패키지에 익숙해지기 위해, 마케팅 이사인 Mr. Donaldson과 협력해야 합니다. 세미나가 무료이기 때문에, 세미나 비용의 대부분이 광고주의 수입으로 충당될 수 있도록 마케팅 위원회가 더 많은 후원자들을 찾기를 바랍니다. 세미나를 위한 홍보 상품에 그들의 로고를 사용하는 등, 후원자들이 그들의 도움에 대한 답례로 받게 될 혜택에 대해 알 수 있도록 해 주시기 바랍니다.

또한 연설 위원회에서는 잠재적 초대 연설자 명단을 제시해 주시기 바랍니다. 가능할 경우, 온라인 서적, 미술과 공예, 컴퓨터, 그리고 의류 소매업자 경영진을 초대해 주십시오.

74 정답 (a)

해설 세미나에 대한 간단한 설명과 각 위원회가 해야 할 일에 대한 내용이 주를 이루고 있다.

해석 메일은 왜 쓰여졌는가?

(a) 위원회에게 지시 사항을 전달하기 위해
(b) 세미나를 위한 후원자를 찾기 위해
(c) 직원들이 세미나에 참여하도록 격려하기 위해
(d) 행사를 준비한 것에 대해 위원회에게 감사하기 위해

75 정답 (d)

해설 네 번째 단락 Since the seminar is free, I would like the marketing committee to look for more sponsors so that the majority of the seminar's costs may be covered by income from advertisers.에서 알 수 있다.

해석 세미나에 대해 맞는 것은 무엇인가?

(a) 예상보다 비용이 많이 들 것이다.
(b) 매년 개최되어 왔다.
(c) 3개월 후 열릴 것이다.
(d) 기업들에 의해 후원받을 것이다.

76 정답 (b)

해설 첫 번째 단락 The seminar, to be held six months from now, will be attended by small and mid-size business owners wishing to learn how to sell their products and services on the Internet.에서 알 수 있다.

해석 누가 가장 세미나에 참여할 것 같은가?

(a) 마케팅 책임자
(b) 소기업 소유주
(c) 인터넷 서비스 제공자
(d) 광고 대행업자

77 정답 (a)

해설 네 번째 단락 The venue committee must confirm the location at least 3 months prior to the event. 및 The marketing committee must coordinate with Mr. Donaldson. 다섯 번째 단락 I also want the speaker committee to present a list of potential guest speakers.에서 확인할 수 있다. (a)는 언급되지 않았다.

해석 위원회가 하도록 요청받지 않은 것은 무엇인가?

(a) 권유 편지를 보내는 것
(b) 장소를 결정하는 것
(c) 동료와 상의하는 것
(d) 초대 연설자 명단을 작성하는 것

78 정답 (c)

해설 네 번째 단락 및 다섯 번째 단락에서 각 위원회가 해야 할 일이 언급되어 있으며, 이로부터 서로 다른 과제를 받았음을 알 수 있다.

해석 위원회에 대해 암시될 수 있는 것은?

(a) 위원회의 구성원들은 임시 직원이다.
(b) 위원회의 구성원들은 Mr. Donaldson에 의해 추천되었다.
(c) 그들은 서로 다른 과제를 받았다.
(d) 그들은 세미나 전 전자 상거래에 대한 배경 지식을 익혀야 한다.

79 정답 (b)

해설 facilitate 용이하게 하다

해석 본문 맥락에서 facilitate가 의미하는 것은?

(a) 즉석에서 하다
(b) 촉진하다, 진척시키다
(c) 이용하다
(d) 보상하다

80 정답 (d)

해설 confirm 확정하다

해석 본문 맥락에서 confirm가 의미하는 것은?

(a) 정당성을 입증하다
(b) 확인하다
(c) 공급하다
(d) 정하다

이현아 「취향저격」 지텔프 32점 PLAN

한권에 끝내는 G-TELP Lv.2

편저 이현아

32점

이현아 취향저격 지텔프 32점

초판 1쇄 발행 2018년 03월 20일
개정 1쇄 발행 2018년 11월 15일
    2쇄 발행 2019년 05월 10일
    3쇄 발행 2020년 01월 15일
    4쇄 발행 2020년 11월 30일

편　저 이현아
발행인 이향준
발행처 (주)법률저널

등록일자 2008년 9월 26일
등록번호 제 15-605호
주소 151-862 서울 관악구 복은4길 50 (서림동 120-32)
전화 02)874-1144
팩스 02) 876-4312
홈페이지 www.lec.co.kr

ISBN 978-89-6336-556-5
정가 14,000원